Hinter den Nachrichtenbildern

Mirco Liefke · Michael Wegener

Hinter den Nachrichtenbildern

Warum wir unseren Augen nicht (immer) trauen können

Mirco Liefke
Institut für Publizistik- und
Kommunikationswissenschaft
Freie Universität Berlin
Berlin, Deutschland

Michael Wegener
Leiter Bildmanagement
ARD-Aktuell
Hamburg, Deutschland

ISBN 978-3-658-43466-3   ISBN 978-3-658-43467-0 (eBook)
https://doi.org/10.1007/978-3-658-43467-0

Die Deutsche Nationalbibliothek verzeichnet diese Publikation in der Deutschen Nationalbibliografie; detaillierte bibliografische Daten sind im Internet über https://portal.dnb.de abrufbar.

© Der/die Herausgeber bzw. der/die Autor(en), exklusiv lizenziert an Springer Fachmedien Wiesbaden GmbH, ein Teil von Springer Nature 2024

Das Werk einschließlich aller seiner Teile ist urheberrechtlich geschützt. Jede Verwertung, die nicht ausdrücklich vom Urheberrechtsgesetz zugelassen ist, bedarf der vorherigen Zustimmung des Verlags. Das gilt insbesondere für Vervielfältigungen, Bearbeitungen, Übersetzungen, Mikroverfilmungen und die Einspeicherung und Verarbeitung in elektronischen Systemen.
Die Wiedergabe von allgemein beschreibenden Bezeichnungen, Marken, Unternehmensnamen etc. in diesem Werk bedeutet nicht, dass diese frei durch jedermann benutzt werden dürfen. Die Berechtigung zur Benutzung unterliegt, auch ohne gesonderten Hinweis hierzu, den Regeln des Markenrechts. Die Rechte des jeweiligen Zeicheninhabers sind zu beachten.
Der Verlag, die Autoren und die Herausgeber gehen davon aus, dass die Angaben und Informationen in diesem Werk zum Zeitpunkt der Veröffentlichung vollständig und korrekt sind. Weder der Verlag noch die Autoren oder die Herausgeber übernehmen, ausdrücklich oder implizit, Gewähr für den Inhalt des Werkes, etwaige Fehler oder Äußerungen. Der Verlag bleibt im Hinblick auf geografische Zuordnungen und Gebietsbezeichnungen in veröffentlichten Karten und Institutionsadressen neutral.

Planung/Lektorat: Barbara Emig-Roller
Springer VS ist ein Imprint der eingetragenen Gesellschaft Springer Fachmedien Wiesbaden GmbH und ist ein Teil von Springer Nature.
Die Anschrift der Gesellschaft ist: Abraham-Lincoln-Str. 46, 65189 Wiesbaden, Germany

Wenn Sie dieses Produkt entsorgen, geben Sie das Papier bitte zum Recycling.

Inhaltsverzeichnis

1	**Einführung in die Bilderwelt**	1
1.1	Unglaublich glaubwürdige Bilder	1
1.2	Die Macht der Bilder: wie 9/11 die Bilderwelt veränderte	3
1.3	Unglaubliche Bilder	5
1.4	Bilder aus der Blackbox	7
1.5	Eine kleine Kulturgeschichte der (Nachrichten-)Bilder	8
	1.5.1 Bilder als Quelle der Glaubwürdigkeit	9
	1.5.2 Das Unbehagen mit den Bildern	10
	1.5.3 Zwischen Bild und Wirklichkeit	12
	1.5.4 Authentisch und doch nicht die ganze Wahrheit?	13
	1.5.5 Nachrichten einen Rahmen geben	15
2	**Die Erzeuger und Verteiler der Bilder**	19
2.1	Die Bildnachrichtenagenturen	19
	2.1.1 Die Zentralen der Bildnachrichtenagenturen	21
	2.1.2 Breaking News ist zentral	23
	2.1.3 Wachsender wirtschaftlicher Druck	26
	2.1.4 Maßnahmen zur Kostenminimierung	29
	2.1.5 Der Druck, Geld verdienen zu müssen, bestimmt die Bilder	32
	2.1.6 Immer wieder dieselben Geschichten	32
2.2	Der EBU-Nachrichtenfilm-Austausch	34
	2.2.1 Eurovision News Exchange	35
	2.2.2 Geschichte der European Broadcasting Union	37
	2.2.3 Die Logik des Nachrichtenaustausche	38
	2.2.4 Gegenentwurf zum Modell der Agenturen	40
	2.2.5 Vom Satelliten zum File Transfer	41
2.3	Zu große Staatsnähe behindert den Bilderaustausch	43

3	**Die Bilder der Korrespondent:innen und Reporter:innen**	47
3.1	Die Auslandskorrespondent:innen.	48
3.2	Struktur der Korrespondenten-Arbeit	48
3.3	Die Doppelrolle der Korrespondent:innen	50
3.4	Stringer	51
3.5	Agenturmaterial bestimmt den Bilderalltag	52
3.6	Pool-Material.	53
3.7	Institutionen stellen Nachrichtenbilder selbst her	55
3.8	Staatsagenturen: Ruptly, CCTV	56
3.9	Komplexe Berichterstattung: planbare Ereignisse dominieren	58
3.10	Fazit: Korrespondent:innen	58
4	**UGC: Die Bilder aus dem Netz und ihre Authentizität**	61
4.1	Digitale Plattformen als Bildquellen	62
4.2	Der Verifikationsprozess	63
	4.2.1 Redaktionelle Verifikation.	63
	4.2.2 Verifikation der Quelle	66
	4.2.3 Verifikation mit Hilfe von Expertise	67
	4.2.4 Technische Verifikation	68
4.3	Die Grenzen der Verifikation.	72
5	**Die redaktionelle Arbeit mit den Bildern**	75
5.1	Vom knappen Gut zum redaktionellen Umgang mit der Bilderflut	75
5.2	Aufgabe der Redaktion: Die Koordination der Bilderflut	78
5.3	Die drei Limitationen der Redaktion.	80
	5.3.1 Die Eingangsstufe: Verfügbarkeit und Authentizität	82
	5.3.2 Die Durchgangsstufe: Relevanz und Bedeutung	88
	5.3.3 Die Ausgangsstufe: Form & Wirkung	101
5.4	Fazit: Der dreifache Bilder-Check.	108
6	**Die Macht der Bilder**	111
6.1	Visual Framing	112
6.2	Emotionale Bilder	113
6.3	Inszenierte Bilder	115
6.4	Bilder vom Krieg.	118
	6.4.1 Der aseptische Krieg.	118
	6.4.2 Zweifelhafte Bilder vom Krieg.	119

6.5	Die Klimakrise in den Bildern.	121
6.6	Hinter den Nachrichtenbildern	123
6.7	Mediale Kompetenz und Demokratie	125

Glossar 127

Literatur. 133

Abbildungsverzeichnis

Abb. 1.1	Angriff auf das World Trade Center in New York City am 11.09.2001. (Quelle: Imago/ABACAPRESS)	4
Abb. 1.2	Palästinensische Kinder, die für ihren Jubel bezahlt wurden. (Quelle: AP)	5
Abb. 2.1	Reuters Newsroom in London. (Quelle: Reuters).	21
Abb. 2.2	Redakteur:innen im Reuters Newsroom in London. (Quelle: Reuters).	24
Abb. 2.3	Journalisten arbeiten im AFP-Newsroom in Paris. (Quelle: Thomas Samson/AFP)	28
Abb. 2.4	Bildmaterial der italienischen Feuerwehr mit Logo. (Quelle: Imago/ZUMA Press).	31
Abb. 2.5	Proteste von Palästinenser:innen. (Quelle: Imago/APAimages)	33
Abb. 2.6	EBU-Schaltraum. (Quelle: Michael Wegener)	35
Abb. 3.1	Pressekonferenz im Bundeswirtschaftsministerium. (Quelle: Mirco Liefke)	53
Abb. 4.1	Wrack eines abgestürzten Flugzeuges von Atlasjet vom 30.11.2007. (Quelle: AP.)	65
Abb. 4.2	Screenshots des Programms Forensically (exemplarisch). (Quelle: Forensically)	69
Abb. 4.3	Screenshot des fraglichen Videos von „Miss Djili". (Quelle: YouTube.)	71
Abb. 5.1	Newsroom im neuen Nachrichtenhaus ARD-Aktuell. (Quelle: Michael Wegener)	79
Abb. 5.2	ARD-Videodesk. (Quelle: Michael Wegener)	87

Abb. 5.3	Newshighway – Arbeitsplatz der CvD der 19 Uhr heute-Sendung. (Quelle: ZDF/Carmen Sauerbrei)	91
Abb. 5.4	Redakteurin sichtet Videomaterial zum Selbstmord von Slobodan Praljak. (Quelle: Imago/Pixsell)	97
Abb. 5.5	Soldaten schießen von einer Brücke in Kinshasa. (Quelle: AP)	106
Abb. 6.1	Särge in einer Kirche in Bergamo. (Quelle: Imago/Independent Photo Agency Int)	114
Abb. 6.2	Vladimir Putin und Olaf Scholz an einem Konferenztisch im Kreml in Moskau. (Quelle: Imago/ZUMA Wire)	116
Abb. 6.3	Poolbild G7-Treffen auf Schloss Elmau. (Quelle: Imago/Political-Moments)	117
Abb. 6.4	Soldaten ohne Hoheitszeichen auf der Krim. (Quelle: Imago/Pond5 Images)	119
Abb. 6.5	Eisbär auf einer Eisscholle. (Quelle: Imago/robertharding)	122

Einführung in die Bilderwelt

Bilder prägen heute mehr denn je unsere Vorstellung von der Welt in der wir leben. Diese Bilder sind oftmals nicht das Produkt des eigenen Erlebens, das in unserer Erinnerung fortbesteht, sondern das Ergebnis eines Informationstransfers, der uns mit den mehr oder minder authentischen Erlebnissen anderer konfrontiert. Trotz unseres zunehmenden Wissens um die Manipulierbarkeit dieses Medium fällt es schwer, unseren eigenen Augen zu misstrauen. Dieses Buch soll deshalb die Entstehungsgeschichte der Nachrichtenbilder verständlich machen und einen Blick hinter die Kulissen der Informationsgesellschaft werfen.

1.1 Unglaublich glaubwürdige Bilder

Eine schwarze offene Limousine, auf dem Rücksitz ein strahlender junger Mann, neben ihm seine Frau in einem rosafarbenen Channel-Kostüm, Sekunden später zerschmettert ein Projektil seinen Kopf.

Wackelige schwarz-weiß Aufnahmen einer Gestalt in einem futuristisch anmutenden weißen Tauchanzug, sie steigt eine kleine Leiter hinab, um im unberührten Sand einen Fußabdruck zu hinterlassen.

Ein Mann im grauen Anzug auf einem holzvertäfelten Podium vor einem olivgrünen Vorhang, der den zur Pressekonferenz versammelten Journalisten erklärt, dass die Bürgerinnen und Bürger der DDR ab sofort und ohne weitere Einschränkungen ins Ausland reisen können.

Es sind Bilder wie diese, welche die Erinnerung an besonders einschneidende Ereignisse wachhalten und selbst jenen sofort wieder in den Sinn kommen, die sonst wenig oder gar nichts über die zu Grunde liegenden Ereignisse wissen, die womöglich stattfanden, bevor sie überhaupt geboren wurden. Sie sind Ikonen unserer Zeit, die viele sofort vor Augen haben, wenn sie an die Ermordung John F. Kennedys, die Mondlandung oder den Mauerfall denken.

Die Geschichte des Nachrichtenjournalismus ist voll von solchen symbolträchtigen Aufnahmen, die sich ins kollektive Gedächtnis eingebrannt haben. Zu ihnen zählt auch das Foto von Phan Thị Kim Phúk, deren Körper von Napalm gezeichnet ist, und das die Erinnerung an den Vietnam-Krieg am Leben erhält oder der historische Moment, als Willy Brandt am Ehrenmal für die Toten des Warschauer Ghettos in die Knie geht und der zum Sinnbild wurde für ein neues demütiges Deutschland, das die Aussöhnung mit seinen Nachbarn sucht.

Aus neuerer Zeit waren es zuletzt wohl die Videos von den zerbombten Wohnhäusern in der Ukraine oder das Foto des erst zweijährigen Alan Kurdi, dessen Leichnam am Strand nahe der türkischen Stadt Bodrum angespült wurde. Es verdeutlicht jene Gefahr, in die sich Menschen auf der Suche nach einem sicheren Leben in Europa begeben und legt gleichzeitig das Versagen der Institutionen offen, denen es nicht gelingt, den Fliehenden einen anderen Weg aufzuzeigen als jenen über das Mittelmeer, der für Viele mit dem Tod endet.

Mindestens ein letztes prägnantes Bild fehlt noch in dieser Liste der historischen Momente und schrecklichen Nachrichten. Es zählt zu jenen Bildern, die einem nicht nur sofort einfallen, wenn man über das betreffende Ereignis nachdenkt, sondern bei denen viele sogar genau wissen, wo sie waren, als sie es zum ersten Mal zu Gesicht bekamen. Es handelt sich dabei um die Aufnahmen der beiden Türme des World Trade Centers in New York City, die von Passagierflugzeugen getroffen, in Flammen aufgehen und schließlich in sich zusammenstürzen. Diese Bilder markieren den Anfang und die Grundlage dessen, was später ‚Krieg gegen den Terrorismus' genannt wird und in dem tausende Menschen, Zivilist:innen und Kombatant:innen, ihr Leben verloren haben.

Kurz nachdem Milliarden Menschen auf der Welt den Einschlag des zweiten Flugzeugs live im Fernsehen verfolgten, gingen noch weitere Bilder um die Welt, die auf das engste mit dem Terroranschlag gegen das World Trade Center verbunden schienen. Doch die Geschichte hinter diesen Bildern verrät am Ende mehr über die Herausforderungen des modernen Nachrichtenjournalismus als über jene, die auf ihnen zu sehen gewesen sind. Dass sie einem breiten Publikum überhaupt bekannt wurden, entschied sich tausende Kilometer entfernt in einem imposanten gläsernen Gebäudekomplex der European Broadcasting Union. Dabei handelt es sich um einen Zusammenschluss der öffentlich-rechtlichen Fernsehsender in Europa, die dort Bildmaterial aus aller Welt einkaufen und bündeln, um es dann zur gemeinsamen Nutzung in den jeweiligen Nachrichtenprogrammen zur Verfügung zu stellen.

1.2 Die Macht der Bilder: wie 9/11 die Bilderwelt veränderte

Der 11. September 2001 ist einer dieser Tage, an denen es einfach keine richtig guten Geschichten gibt. Jedenfalls sehe ich sie bis zum frühen Nachmittag nicht.[1] Keine Bilder, die das Potenzial hätten, die Nachrichtensendungen der europäischen Fernsehsender zu dominieren – und das macht die Arbeit mühsam in der Schaltzentrale des europäischen Nachrichtenjournalismus.

Um 14:55 Uhr meldet sich Ian aus dem Eurovisions-Studio in New York. Von dort werden alle US-amerikanischen Nachrichtenbilder, die die Europäer interessieren könnten, in den satellitengestützten Nachrichtenaustausch eingespielt. Ian ist ein nüchterner Kollege, neigt nicht zu Übertreibungen oder Dramatisierung, dafür ist er schon zu lange im Geschäft. „CBS[2] hat gerade einen Hubschrauber losgeschickt, er zeigt Bilder von einer Rauchsäule über Lower Manhattan. (Abb. 1.1)

Ich hab' keine Ahnung was da los ist, die Meldungen der Agenturen sagen noch nichts dazu. Willst du die Bilder haben? Ich könnte sie dir live rüber geben."

In meinem Kopf rattert es: Einerseits läuft zwar gerade ein Austausch, allerdings nur mit regional wichtigen Bildern. Auf der anderen Seite kennt jeder New York und Lower Manhattan, und wenn es dort vielleicht ein Feuer gibt und eine Rauchsäule, könnte das für die Nachrichtensender interessant sein. Vielleicht stellt es sich ja auch als unbedeutend heraus, aber das weiß man zu diesem Zeitpunkt noch nicht. Also lieber den Regionalnachrichten-Austausch unterbrechen und mir eventuell Ärger mit den nordeuropäischen Sendern einhandeln, die ganz dringend auf die Bilder eines Verkehrsunfalls aus Schweden warten. Egal, das ist mein Job: entscheiden, was wichtig ist. Und das bedeutet in der Regel das, was wichtiger für die Mehrheit der angeschlossenen Sender ist. „Buche mir bitte eine Leitung von der EBU New York, mit einem CBS-Signal. Und schreib' auf die Ankündigungstafel: Flash From New York", rufe ich meiner Kollegin Manuela zu. „Wir legen das erst mal auf den regulären Kanal, unterbrechen den regionalen Austausch und sehen, wie lange das trägt."

Drei Minuten später treffen die ersten Eilmeldungen zu den Bildern ein, die wir inzwischen aus New York verbreiten: Ein Flugzeug soll in das World Trade Center geflogen sein. Unvorstellbar! Der ganze Genfer Newsroom starrt auf das Bild, das uns der Kollege aus New York herübergeschaltet hat und das ein Hubschrauber des

---

[1] Der Co-Autor Michael Wegener war von 2000 bis 2003 News Editor bei der EBU in Genf und arbeitete in dieser Funktion auch am 11. September 2001. Der Erfahrungsbericht beschreibt Wegeners Umgang mit den eingehenden Bildern zu diesem Ereignis.
[2] Partnersender der Eurovision in den USA.

Abb. 1.1 Angriff auf das World Trade Center in New York City am 11.09.2001. (Quelle: Imago/ABACAPRESS)

amerikanischen Senders CBS einfängt: eine schwarze Lücke klafft im World Trade Center, Rauch steigt auf. Auf den Bildschirmen im Raum, welche die wichtigsten Nachrichten-Programme der europäischen Sender anzeigen, sehen wir, wie sich immer mehr unserer Mitgliedssender auf das Live-Bild aus New York schalten, das ich erst vor wenigen Minuten bestellt hatte. Um 15:03 Uhr mitteleuropäischer Sommerzeit sehen wir live und voller Horror, wie ein weiteres Passagierflugzeug in den Südturm des World Trade Centers fliegt.

Es dauert nicht lange und auch im Genfer Newsroom ist der Teufel los – ein regelrechter Dammbruch. Die Telefone klingeln ununterbrochen, wir richten einen zweiten Live-Kanal und ein zweites Signal für die einzelnen Nachrichtenfilme ein – erhöhen unsere Kapazität innerhalb einer Stunde auf das Doppelte. Das alles mit nur einem Ziel: die ungeheuren Massen an Material, die plötzlich auf uns einströmen, so schnell wie möglich zu unseren Mitgliedern zu bekommen. Live-Signale aus New York, Live-Signale vom Pentagon und aus Shanksville, wo ebenfalls Flugzeuge explodiert sind. Außerdem erhalten wir die ersten Reaktionen aus aller Welt: große Staatsoberhäupter, erschüttert, um Worte ringend, die den Vereinigten Staaten ihrer Solidarität versichern. Viel Zeit zum Nachdenken bleibt nicht. Diese Geschichte ist so gewaltig, ohne Vorbild, dass es kaum eines News Editors bedarf, der auswählt. Es gibt nur noch dieses eine Thema, alles andere zählt nicht mehr an diesem Tag, am nächsten Tag, in den nächsten Wochen.

1.3 Unglaubliche Bilder

Am späten Nachmittag erreicht mich ein Angebot einer der großen britischen Nachrichtenagenturen, die 2001 noch Teil des Eurovision-Nachrichtenaustausches sind. Bei diesem Angebot, so wie bei den meisten an diesem Tag, ist mir sofort klar, dass es Teil des Nachrichtenaustausches werden muss. Denn die Bilder zeigen etwas geradezu Schockierendes, etwas, das sich deutlich aus der Masse der weltweiten Beileidsbekundungen abhebt: Palästinenser im Westjordanland, die vor der Kamera jubeln, sich freuen. (Abb. 1.2)

Die redaktionelle Beschreibung des Bildinhaltes, das so genannte *dopesheet*, das jeden gelieferten Nachrichtenfilm begleitet, stellt klar: hier handelt es sich um Palästinenser, die sich über den Anschlag freuen, die jubeln, ihn als Strafe sehen für die Politik der USA – als Vergeltung. Natürlich ist das eine Nachricht wert und so entscheide ich an diesem Nachmittag, dass die Bilder so schnell wie möglich über den Nachrichtenaustausch laufen. Tatsächlich sieht man sie noch an diesem Abend in

Abb. 1.2 Palästinensische Kinder, die für ihren Jubel bezahlt wurden. (Quelle: AP)

fast allen Nachrichtensendungen. Diese Bilder sprechen eine klare Sprache: alle trauern mit den USA, nur den Palästinensern fehlt anscheinend das Mitgefühl und sie nutzen diese Katastrophe, um ihren alten Feind zu verspotten: unglaublich! Palästinenser, die nicht erschüttert, sondern erfreut sind über tote Amerikaner – ist das wirklich so verwunderlich, so unglaublich? Gewiss, diese Bilder entsprechen nicht den Reaktionen, die sonst weltweit abgebildet werden. Sie irritieren und doch scheinen sie zu bestätigen, was viele schon längst wussten: dass die Palästinenser die ‚Schurken' sind, die den ‚Westen' hassen und sich an ‚unserem' Leid erfreuen.

Das ist die Gefahr, die von Bildern ausgeht, die unter großem Zeitdruck ausgewählt werden müssen und die dem Zuschauer sofort und ohne große Erklärungen einleuchten sollen. Sie neigen dazu in das Gewand der Neuigkeit zu hüllen, was wir auch ohne sie schon gewusst haben, sie bestätigen unsere Vorurteile und stabilisieren eine Welt, in der wir uns orientieren können, und zwar auch oder gerade dann, wenn wir über die eigentlichen Hintergründe gar nichts wissen. Es gibt uns Halt zu wissen, dass angesichts einer Tragödie wie jener des 11. September 2001 in der vieles ins Wanken geraten ist, was uns als sicher galt, zumindest feststeht, wer Freund ist und wer Feind. Dass es Menschen gibt, die wir verantwortlich machen können, auf die wir unseren Hass, unsere Angst und unser Unverständnis projizieren können. Viele Wochen vergehen nach diesem Tag. Mein Chef schickt mich auf den allerersten Flieger ins Studio der Eurovision nach Washington. Ich helfe dort, die unglaublichen Massen des Materials zu sichten, zu bündeln und in den EBU-Nachrichtenaustausch zu geben. Eine hektische Zeit, in einer geschockten Hauptstadt, in einer Welt, in der so viele scheinbare Gewissheiten verloren gegangen waren. Es dauert Wochen bis mich die Geschichte meiner Entscheidung am 11. September 2001, die Bilder der jubelnden Palästinenser in den Austausch zu nehmen, wieder einholt. Erst in einigen Medienmagazinen, später auch in der internationalen Presse sickert durch, was für mich an diesem Tag unvorstellbar war. Die Bilder waren gefälscht. Sie waren, wie man heutzutage sagen würde, *Fake News*.[3] Natürlich nicht die Bilder selbst. Es hat sich genauso zugetragen. Die Palästinenser jubelten und freuten sich tatsächlich.

Falsch aber war die redaktionelle Einordnung, die damals von der Nachrichtenagentur mit den Bildern verbreitet wurde und sie so sensationell machte. Ja, Palästinenser jubelten vor der Kamera, sie freuten sich, sie sangen und tanzten. Aber nein: Sie freuten sich nicht darüber, dass Flugzeuge in das World Trade Center geflogen waren und tausende von Menschen an diesem Tag ums Leben kamen. Sie freuten sich einfach so. Weil sie der Kameramann der internationalen Nachrichtenagentur darum gebeten hatte. Jubelt doch mal, zeigt eure Freude, muss er ihnen gesagt haben.

---

[3] Für eine Übersicht der aktuellen Forschung zu *Fake News* siehe: Tandoc (2019).

Sie taten es und hatten keine Ahnung, was viele tausend Kilometer entfernt gerade wirklich passiert war – keine Ahnung von den Flugzeugen, von New York oder Washington, geschweige denn von den Absichten, die dahinterstanden.
 Ein Einzelfall? Wohl kaum. Vielleicht eher einer der prominenteren Fälle, in denen Bilder aus dem Zusammenhang gerissen werden. Doch welche Möglichkeiten haben Journalist:innen in der Kürze der Zeit, ihre Entscheidungen abzusichern? Hätte ich als News Editor das vollständige, also ungeschnittene Material sichten können, so hätte ich bemerkt, dass es auf der Straße drumherum ruhig ist. Nur vor der Kamera steht eine Gruppe aufgekratzter Kinder. Die Frau, die mit ihrem Freudentaumel in Erinnerung bleibt, geht kurz nach ihrem euphorischen Ausbruch völlig ungerührt weiter. Auffällig ist auch ein Mann in einem weißen T-Shirt. Er scheint die Kinder anzustacheln und er holt immer wieder neue Leute heran. Die Frau, deren Freude offenbar nur von kurzer Dauer war, sagt heute, man habe ihr Kuchen versprochen, wenn sie sich vor der Kamera freut. Sie selbst sei entsetzt gewesen, als sie die Bilder im Fernsehen sah. Niemals habe sie sich über den Anschlag auf die USA gefreut.[4]

1.4 Bilder aus der Blackbox

Als die Menschen am 11. September 2001 von den Anschlägen auf das World Trade Center erfuhren, folgten viele einem ähnlichen Impuls. Sie wollte mit eigenen Augen sehen, was sich in New York City abspielte und schalteten den Fernseher ein. Gerade wenn es darum geht, Menschen von einer erschütternden Wahrheit zu überzeugen, tut man gut daran, möglichst eindeutige Beweise vorzulegen. Diese Notwendigkeit wächst noch, wenn die Autorität des Überbringers der Nachricht nicht wie etwa bei einer Ärztin durch staatlich reglementierte und geprüfte Zulassungsverfahren und Fachwissen abgestützt ist, sondern allein auf der Behauptung stellvertretender Zeugenschaft beruht, wie es im Journalismus der Fall ist.
 Beleg dieser Zeugenschaft sind Fotos und Videos, welche die Distanz zwischen Berichtsgegenstand und Publikum überwinden und die Aussagen glaubwürdig erscheinen lassen sollen. Nochmals verschärft wird die prekäre Lage der Nachrichtenvermittlung, wenn diese, wie heute üblich, arbeitsteilig organisiert ist, wenn Bilder etwa von Nachrichtenagenturen geliefert oder aus sozialen Netzwerken gezogen werden und dem Journalismus das Monopol auf die stellvertretende Zeugenschaft streitig gemacht wird. Diese Arbeitsteilung ist entscheidend für das Ver-

---

[4] Der Fall wird u. a. im SPIEGEL vom 21.09.2001. beschrieben. Die Aufdeckung der Hintergründe beruht auf Recherchen der ARD-Fernsehsendung „Panorama" vom 20. September 2001.

ständnis der Nachrichten und doch ist sie vielen Zuschauerinnen und Zuschauern gar nicht bewusst. In den allabendlich ausgestrahlten Sendungen jedenfalls erscheinen die Berichte wie aus einem Guss, sodass man beinahe den Eindruck bekommt, Marietta Slomka habe im Laufe des Tages selbst die halbe Welt bereist, um sich mit den wichtigsten Entwicklungen vertraut zu machen.

Wenig tun die Sender selbst, um diese Fehleinschätzung zu widerlegen und selbst für die Forschung ist die Redaktion allzu oft eine Blackbox. Erklärungsversuche begnügen sich in der Regel mit dem Offenlegen abstrakter Strukturen und Rahmenbedingungen oder Reduzieren den Journalismus auf die Entscheidungen einzelner Akteur:innen, denen sie sich bemühen mit Hilfe von Interviews auf den Grund zu gehen. Dieses Buch will dazu beitragen, die Lücke zwischen systemischen und persönlichen Einflussfaktoren zu schließen und zeigen, welch aufwendiger Prozess heutzutage hinter dem modernen Nachrichtenjournalismus steckt. Dazu klären wir, wie jene Bewegtbilder zustande kommen, die wir in den Nachrichtensendungen öffentlich-rechtlicher wie privater Sender sehen und beantworten Fragen, die für das Verständnis der Bilder von großer Bedeutung sind: Wie funktioniert das internationale Geschäft der Bildbeschaffung? Warum gibt es aus manchen Regionen dieser Welt nur sehr wenige Bewegtbilder, dafür aus anderen ständig wieder dieselben? Wie arbeiten Korrespondent:innen und Redaktionen, damit die neuesten Videos immer verfügbar sind und wie stellen sie sicher, dass die Zuschauer:innen den Bildern auch trauen können? Welche Rolle spielen die sozialen Medien, in denen Bilder von privaten Geburtstagsfeiern neben Kriegsbildern aus Gaza oder der Ukraine stehen? Wie vermeiden Redaktionen, sich von inszenierten Bildern täuschen zu lassen oder gefälschte Bilder als authentisch zu präsentieren? Welche Rolle spielen hoch emotionale Bilder und welche Entscheidungsprozesse gibt es, um sie zu bewerten? Und wie gehen die Sender mit Themen um, die sich nicht bebildern lassen? Diese und weitere Fragen werden die kommenden Kapitel in einem Wechselspiel von Fallbeispielen aus dem journalistischen Alltag und sozialwissenschaftlichen Einordnungen beantworten.[5]

1.5 Eine kleine Kulturgeschichte der (Nachrichten-)Bilder

Mehr oder minder authentische Abbildungen der Wirklichkeit sind schon sehr lange mit der kulturgeschichtlichen Entwicklung der Menschen verbunden. Die zur Verfügung stehenden Medien von Erde, Holz und Stein bis hin zu digitalen

---

[5] Der Co-Autor Mirco Liefke ist seit 2022 wissenschaftlicher Mitarbeiter am Institut für Publizistik- und Kommunikationswissenschaft an der Freien Universität Berlin.

3-D-Animationen und Hologrammen haben sich jedoch über die Jahrhunderte fraglos weiterentwickelt. Gleiches gilt für den jeweils präferierten Darstellungsstil, der mal das Idealtypische, mal das Extravagante, mal das objektiv Gegebene, mal das subjektiv Empfundene in den Fokus nahm und nimmt. Die Bandbreite an unterschiedlichen Stilrichtungen erstreckt sich dabei von Impressionismus und Surrealismus bis hin zum detailgetreuen Fotorealismus. Wenngleich die unmittelbare Korrespondenz des Bildes mit der Wirklichkeit mal größer mal kleiner war, das Bildnis seine Eigenständigkeit gewann und verlor, mal dekorativ, mal repräsentativ wirkte, für sich alleinstand oder hinter einem Konzept verschwand – eines war es zu jederzeit: Ein Spiegel der gesellschaftlichen Verhältnisse und Diskussionen. Aus unserer modernen Informationsgesellschaft jedenfalls sind Bilder – sowohl bewegte als auch stillstehende – nicht mehr wegzudenken. Spätestens seit Aufkommen des Fernsehens dominieren sie im wahrsten Sinne unseren Blick auf die Welt und sorgen im Zeitalter digitaler Netzwerke wie Instagram oder Tiktok auch für eine veränderte Vorstellung von uns selbst und unseren Mitmenschen.

1.5.1 Bilder als Quelle der Glaubwürdigkeit

Gerade für TV-Nachrichtensendungen scheinen Foto- und Videoaufnahmen unentbehrlich zu sein, obwohl sie für die Berichterstattung eigentlich unnötig sind. Dies belegt schon ein Blick in eine der vielen Zeitungen, die lange Zeit ganz ohne Bilder auskamen und noch heute Fotos oftmals nur als schmückendes Beiwerk verwenden. Die ersten Zeitungen erschienen immerhin mehr als 200 Jahre vor Erfindung der Fotografie.

Auch dieses Buch ist ein Beispiel dafür, dass man selbst über Bilder vieles sagen kann, ohne viele Bild verwenden zu müssen. Sogar in audio-visuellen Medien, die das (Fern-)Sehen buchstäblich im Namen tragen, kommt den Bildern oftmals eine untergeordnete Bedeutung zu. Wer etwa eine Nachrichtensendung mit geschlossenen Augen verfolgt, wird feststellen, dass man die Beiträge sehr gut verstehen kann und in den seltensten Fällen etwas Wesentliches versäumt. Warum also gibt es Bilder in den Nachrichten?

Um diese Frage zu beantworten, muss man der Quelle journalistischer Autorität auf den Grund gehen, die der amerikanische Forscher und Journalist Jay Rosen einmal so beschrieben hat: „*I am there, you are not, let me tell you about it*".[6] Wir lesen, hören oder sehen Nachrichten, weil das Leben in einer global vernetzten Welt und in politischen Gemeinwesen, welche die Größe von Stadtstaaten über-

---

[6] Titel eines im Jahr 2012 digital veröffentlichten Essays von Jay Rosen: https://pressthink. org/2012/03/im-there-youre-not-let-me-tell-you-about-it/.

schritten haben, von uns erfordert, über Ereignisse informiert zu sein, die wir nicht persönlich erlebt haben. Egal ob an der Wahlurne, im Supermarkt oder am Stammtisch – nicht Bescheid zu wissen, kann zu gravierenden Fehlentscheidungen führen oder einen zum Gespött seiner Freunde machen. Wenn man also das Weltgeschehen nicht selbst im Blick behalten kann, ist es gut, jemanden zu kennen, der diese Aufgabe übernimmt und einen auf dem Laufenden hält. Genau das ist der Job der Journalist:innen. Sie sind vor Ort, wir sind es nicht und sie erzählen uns davon – so könnte man Rosens Satz sinngemäß übersetzen. Doch dieser Wissenstransfer ist nur die eine Seite der Medaille, denn eine Geschichte, die uns jemandem erzählt, den wir nicht kennen und die von etwas handelt, das wir nicht selbst erlebt haben, hat ein gravierendes Glaubwürdigkeitsproblem und genau hier kommen Bilder ins Spiel.

1.5.2 Das Unbehagen mit den Bildern

Zwei miteinander verbundene Fragen knüpfen an das Phänomen der Bebilderung an, seit vor etwa 65.000 Jahren die Neandertaler Höhlenwände im südspanischen Ardales mit figurativen Darstellungen bemalten. Diese beiden Fragen, denen wir auch in diesem Buch zu den Nachrichtenbildern auf den Grund gehen möchten, lauten:

1. Was zeigen die Bilder?
2. Wozu dienen Bilder?

Die Beschäftigung mit diesen Fragen ist wie gesagt keineswegs neu. Schon das berühmte Gleichnis des antiken Philosophen Platon, das passenderweise ebenfalls in einer Höhle spielt, setzt sich mit dem Verständnis von Bildern auseinander. In diesem Gleichnis wirft Platon die Frage auf, ob die Bilder, die wir sehen und die wir für die Realität halten, nicht tatsächlich Schatten von Figuren sind, die hinter unserem Rücken vor einem großen Feuer vorüberziehen. Die Wirklichkeit liegt übrigens für die gefesselten Insass:innen unerreichbar außerhalb der Höhle und hat mit den Bildern nicht das Geringste zu tun. Mal abgesehen davon, dass wir heute nicht mehr an eine Felswand, sondern auf ein mehr oder minder großes Display blicken, hat sich an der Frage in den letzten zweitausend Jahren wenig geändert.

Nicht minder skeptisch war Platon gegenüber der Schrift, die er im Grunde der Malerei, also der Abbildung gleichsetzte. Er trägt damit der Erkenntnis Rechnung, dass viele Schriftsysteme von den Hieroglyphen bis zur chinesischen Han-Schrift auf *Piktogramme*, also grafische Repräsentationen realer Objekte, zurückzuführen sind. Erst später entsteht die phonetische Lautschrift, die sich am gesprochenen Wort orientiert. In jedem Fall, und darin liegt Platons Kritik begründet, erwecken diese Repräsentationen oder Symbole den Eindruck der unmittelbaren Verständlichkeit. Ein Blick genügt und man weiß, was gemeint ist.

Wirkliches Verständnis ist nach Platon jedoch nur im Dialog zu erreichen, aber diesen verweigern Texte so hartnäckig wie Bilder. Sie antworten nicht auf Fragen, erklären nicht ihr Zustandekommen, passen sich nicht den Umständen an und erscheinen als von ihren Urheber:innen losgelöste und deshalb unveränderliche Objekte. Ihr Sinn ist geradezu in Stein gemeißelt und ihre Aussage damit objektiv. Genau das macht sie auch für die Nachrichten so interessant.

Die offensichtlich unmittelbare Verständlichkeit und Bedeutung, die gerade Bilder und Videos zur präferierten Dokumentationsform des Journalismus machen, stellen für die Sozialwissenschaften ein erhebliches Problem dar. Erstaunlicherweise blieb dieses Problem jedoch lange unentdeckt. Erst der Schweizer Linguist Ferdinand de Saussure machte durch die Einführung der Unterscheidung von *Signifikat* und *Signifikant* darauf aufmerksam, mit deren Hilfe er zwischen Bezeichnetem und Bezeichnung differenzierte.[7] Er meinte damit einen Umstand, der eigentlich auf der Hand liegt und vielleicht gerade deshalb immer wieder in Vergessenheit gerät: das Bild eines Ereignisses und das Ereignis selbst sind ebenso wenig dasselbe wie dieses Ereignis und das Wort „Ereignis".

Seither analysieren die unterschiedlichen Disziplinen all jene Konflikte, die sich aus der fälschlicherweise angenommenen Identität ergeben. Besonders augenfällig wird dies, wenn wie im Beispiel mit den jubelnden Palästinensern bewusst in Kauf genommen wird, dass das Bild eines Ereignisses im Stande ist, eine Bedeutung zu vermitteln, die von der Bedeutung des Ereignisses selbst abweicht, also entgegen den Tatsachen den Anschein erweckt, die Menschen freuten sich über einen Terroranschlag, während ihre Freude damit rein gar nichts zu tun hatte. Auf den Punkt oder besser auf ein Bild brachte dieses Phänomen auch der belgische Maler René Magritte mit seinem Gemälde „La trahison des images" (deutsch: „Der Verrat der Bilder"). Unter dem naturalistisch anmutenden Bild einer Pfeife steht in einer fein ausgeführten Schreibschrift: „Ceci n'est pas une pipe" (deutsch: „Das ist keine Pfeife").[8]

Dass dieser Fehler, dieser Trugschluss, der Zeichen und Bedeutung gleichsetzt Menschen unterlaufen würde, ahnte wohl schon Platon – und er war nicht allein. Die halbnomadischen Stämme der Levante, deren Mitglieder zu den Gründermüttern und -vätern des Judentums werden sollten, beobachteten die Götzenver-

---

[7] Saussure (1986).
[8] Für eine ausführliche Interpretation von Magrittes Werk siehe Foucault (2017).

ehrung ihrer Zeitgenossen mit einer ähnlichen Skepsis wie Platon die Bilder seiner fiktiven Höhlenmenschen. Die Götzendiener:innen schienen zu glauben, dass ihre Götter in den Objekten, die sie darstellten, anwesend seien und schrieben ihnen deshalb magische Fähigkeiten zu. Dies führte nicht selten zu Streit aus Missgunst, Neid und Uneinigkeit. Es ist so keineswegs zufällig, dass die Gründungsakte der monotheistischen Religionen, der Dekalog oder die Zehn Gebote, direkt an zweiter Stelle ein Bilderverbot enthält.[9] Der gleiche problematische Zusammenhang findet sich im Übrigen genauso in der Heiligenverehrung des Mittelalters, bei der Gemälde zu regelrechten Kultgegenständen avancierten wie bei antiken Münzen, die das Antlitz des jeweiligen Herrschers bis in die entlegensten Winkel des Reiches transportierten und seine Macht festigten.[10]

1.5.3 Zwischen Bild und Wirklichkeit

Aus der bereits vor mehr als zweitausend Jahren gehegten Befürchtung, Menschen könnten (mediale) Repräsentationen – und dazu zählen steinerne Skulpturen genauso wie Videos – mehr Aufmerksamkeit widmen als den abgebildeten Ereignissen oder Personen selbst, ist inzwischen eine ganze Industrie geworden. Imageberater:innen, PR- und Werbeagenturen und nicht zuletzt Influencer:innen auf den digitalen Plattformen sorgen dafür, dass die Wirklichkeit hinter dem Abbild verschwindet.

Viele erinnern beispielsweise die Aufnahmen des damaligen Bundeskanzlers Gerhard Schröder, der in Gummistiefeln und grüner Regenjacke im Jahr 2002 das vom Oder-Hochwasser zerstörte Grimma besuchte. Die Frage nach den tatsächlichen Maßnahmen zur Bewältigung der Katastrophe oder der Prävention solcher Tragödien trat in der öffentlichen Debatte in den Hintergrund. Gerhard Schröder aber konnte seinem angeschlagenen Image damit neuen Glanz verleihen, sich als fürsorglichen ‚Anpacker' gerieren, sodass er die bereits verloren geglaubte Bundestagswahl gegen den Herausforderer Edmund Stoiber gewann. Dieser machte übrigens in seinen Gummistiefeln zum blauen Poloshirt eine weit schlechtere Figur – was allerdings über seine Eignung als Bundeskanzler nicht das Geringste aussagt.

Die spezifische, von Bildern ausgehende Gefahr vom Wesentlichen abzulenken, erkennen auch heute noch deutsche Gerichte. Mit Ausnahme höchstrichterlicher Entscheidungen etwa des Bundesverfassungsgerichtes sind Bild- und Videoaufnahmen nur vor und nach den Sitzungen sowie in Verhandlungspausen erlaubt. Die Begründung des prozessualen Bilderverbotes ist dabei für unsere Auseinander-

---

[9] Hartenstein und Michael (2013).
[10] Simon (1993).

1.5 Eine kleine Kulturgeschichte der (Nachrichten-)Bilder

setzung mit den Nachrichtenbildern ebenso aufschlussreich wie die des biblischen. Zwei Bedenken tragen die Einschränkung des Öffentlichkeitsgrundsatzes, der ansonsten für Strafverfahren genauso gilt wie im Zivilprozess. Zum einen steht zu befürchten, dass die Anwesenheit von Kameras bzw. die bloße Möglichkeit aufgezeichnet zu werden, der Wahrheitsfindung im Wege steht. Angeklagte oder Zeug:innen könnten durch Kameras motiviert werden, entlastende Umstände auszuschmücken oder belastende Aussagen abzumildern, um in der Berichterstattung besser dazustehen.

Außerdem bezweifeln etwa die Richer:innen des Bundesverfassungsgerichtes, dass eine durch Bilder und Video gestützte Berichterstattung tatsächlich geeignet ist, eine „wirklichkeitsgetreue Abbildung von Gerichtsverhandlungen" zu gewährleisten. Vielmehr besteht ihrer Auffassung nach die Gefahr, dass jene Bilder nur das „Sensationelle", „Skandalöse", kurz das „Besondere" und nicht die Normalität des Prozesses einfangen und damit die Wirklichkeit verzerren.[11]

Diese Wirklichkeit so gut wie möglich wiederzugeben, sie abzubilden und gerade nicht zu verzerren, ist jedoch der Anspruch des professionellen Nachrichtenjournalismus wie wir ihn heute kennen. Der legendäre Spiegel-Gründer Rudolf Augstein brachte dies in einem Editorial aus dem Jahr 1961 auf die Formel „sagen, was ist". Dies sei die erste Pflicht des Journalisten. Diese Sentenz können wir mit Blick auf die visuelle Berichterstattung zu „zeigen, was ist" erweitern. Lange Zeit stand deshalb die Frage nach dem Zusammenhang, der Korrespondenz von Wirklichkeit und Berichterstattung im Zentrum der Journalismus-Forschung.

1.5.4 Authentisch und doch nicht die ganze Wahrheit?

Schon der Publizist Walter Lippmann sorgte sich 1922 um die durch Massenmedien verursachten Dissonanzen zwischen „der Welt draußen und den Bildern in unseren Köpfen". Mit Argwohn blickten er und die anderen Gründer der US-amerikanischen Kommunikationswissenschaft auf die verheerenden Effekte der nationalsozialistischen, faschistischen und kommunistischen Propaganda, in welcher gerade Bilder und Videos zu mächtigen Waffen wurden.[12] Später analysierten die Vertreter der sogenannten *Chicago School* die Wirkung von Propaganda auf Militärs und Bevölkerung.[13] Sie studierten dabei jene gemeinschaftsbildende Kraft von Bildern, die schon die alttestamentarischen Götzenanbeter:innen faszinierte,

---

[11] BVerfG (24.01.2001).
[12] Lippmann (1922).
[13] Lasswell (1972).

die sich aber auch demokratische Gesellschaften zunutze machen können. Man denke nur an das zur Ikone gewordene Foto des britischen Premierministers Winston Churchill, der die zum Victory-Zeichen gespreizten Finger in die Kamera hielt. Inmitten des Krieges setzte er ein Zeichen für den Zusammenhalt in der Bevölkerung, die den Glauben an einen Sieg nicht aufgeben sollte. Genau zu diesem Zweck hatte sich der ehemalige belgische Justizminister Victor de Laveleye dieses Symbol ausgedacht und gehofft, dass es den Widerstandsgeist überall auf der Welt wecken würde. Derart sensibilisiert für die auch im positiven Sinne manipulative Kraft von Bildern, fiel es immer schwerer, die Grenze zwischen Berichterstattung und Propaganda zu ziehen. Allzu deutlich wurde, dass jede Form der Abbildung immer auch Botschaften transportiert, die unseren Blick auf die Welt verändern.

Ein eindrucksvolles Beispiel für den verzerrenden Eindruck, den auch im besten Sinne wirklichkeitsgetreue Bilder hinterlassen können, liefert die Philosophin und ehemalige Auslandsreporterin Carolin Emcke[14] mit Blick auf die verheerenden Erdbeben in Haiti. In der Berichterstattung sah man immer wieder eingestürzte Gebäude und insbesondere den schwer beschädigten schneeweißen Präsidentenpalast in Port-au-Prince.[15] Er stand stellvertretend für die Zerstörung im ganzen Land und genau darin lag das Problem. Das Bild war nicht bearbeitet, inszeniert oder in sonst einer Weise manipuliert worden und doch verzerrte, manipulierte es einen zutreffenden Eindruck. Das Bild fasst ein Ereignis zusammen, das diejenigen, die es selbst erlebt haben – und dazu zählt auch Emcke, die als Korrespondentin vor Ort war – fassungslos zurücklässt. Sie schreibt: „Diese Bilder sind nicht falsch. Sie stimmen. Aber sie zeigen nur die *Qualität* des Leids, nur die Macht der Zerstörung. Aber nicht die *Quantität*, nicht das Ausmaß. Dafür reicht ein Bild nicht aus."[16]

Das Problem liegt dabei in der „perfekten Lesbarkeit der Szene", wie es der französische Zeichenanalytiker Roland Barthes[17] ausdrückt. Sie verhindert, dass uns die Ungewöhnlichkeit, das Abnormale, das Schockierende tatsächlich bewusst wird. Vielmehr präsentiert uns die Fotografin das eigentlich Unverständliche im Gewand des Verständlichen. Gleichzeitig plädiert Emcke dafür, solche Bilder dennoch zu zeigen, da sie oftmals unser einziger Zugang zu entfernten Ereignissen

---

[14] (2016).
[15] Gerade Nachrichtenbilder machen sich die Repräsentativität bestimmter Orte, Gebäude etc. zu Nutze, um die Berichterstattung durch diese Kompaktinformationen zu bereichern. Kommentare zur Politik des US-amerikanischen Präsidenten werden beispielsweise mit Vorliebe vor einer Ansicht des Weißen Hauses, also des Amtssitzes des Präsidenten, aufgenommen.
[16] Emcke (2016, S. 194).
[17] (2015, S. 136).

darstellen, und dabei transparent mit ihren Limitationen umzugehen. Die Frage ist damit nicht, ob das Bild die Wirklichkeit möglichst genau wiedergibt, sondern, ob die notwendigen Einschränkungen zu rechtfertigen sind.

Die direkte Korrespondenz zwischen Bild und Wirklichkeit gilt inzwischen als ein veralteter Anspruch, der eine Teilung in objektive Wirklichkeit und unseren unzureichenden Zugang zu ihr impliziert. Beides war schon für Platon von Bedeutung, tritt aber im Sinne einer konstruktivistischen Hinwendung zu den wahrnehmenden Subjekten selbst in den Hintergrund. Dieser Perspektivwechsel lenkt den Fokus auf die Bedeutung, die Journalist:innen selbst bei der Nachrichtenproduktion und insbesondere bei den verschiedenen notwendigen Selektionen zugeschrieben werden kann und die je nach Forschungstradition mal stärker, mal schwächer ausgeprägt ist.

1.5.5 Nachrichten einen Rahmen geben

Es ist in diesem Zusammenhang bei weitem kein Zufall, dass eine der in der Kommunikationswissenschaft am weitesten verbreiteten Metaphern, mit deren Hilfe die Arbeit von Journalist:innen beschrieben und die Effekte der Berichterstattung eingeordnet werden, das *Framing* ist. Nachrichten einen Rahmen geben, sie in einem bestimmten Rahmen zeigen, sie zurechtschneiden, all das hat einen unverkennbaren Bezug zu den Bildern, welche diese Nachrichten prägen.[18]

Die Metapher der Rahmung macht uns darauf aufmerksam, dass Bilder genau wie alle anderen Bedeutungsträger der Interpretation bedürfen. Ihr Wahrheitsgehalt lässt sich nicht einfach kausal aus ihrer Beziehung zur dargestellten Umwelt ableiten. Ein Bild gibt ein Ereignis nicht schon dadurch hinreichend wieder, dass es im Rahmen des Ereignisses entstanden ist. Bei einem Text ist uns dieser Umstand sofort klar: niemals würden wir die schriftliche Darstellung eines Sachverhaltes durch eine beteiligte Person als objektiv bezeichnen. Anders ist es bei Bildern. Durch sie wird laut dem Soziologen Armin Nassehi[19] die Trennung von ‚Sagen' und ‚Meinen' aufgehoben und durch ein vermeintlich eindeutiges ‚Zeigen' ersetzt. Gerade im Zeitalter hochauflösender Handykameras und allgegenwärtiger sozialer Netzwerke übernehmen auch Qualitätsmedien Fotos und Videos, die von den beteiligten Akteur:innen selbst erstellt wurden. Allzu oft lassen wir uns dabei durch ihre Optik täuschen. Sie sehen schließlich genauso aus wie das, was

---

[18] Siehe unter anderem: Fahmy (2010); Reese et al. (2010); Scheufele (1999).
[19] (17.11.2022).

wir gesehen hätten, wenn wir selbst vor Ort gewesen wären. Sie sind die bestmögliche Repräsentation des Ereignisses, der ultimative Beweis. Was spricht dagegen, sie einfach zu verwenden?

Dagegen spricht, dass die kausale Verknüpfung mit dem Ereignis eben noch nicht ausreicht, um eine wahrheitsgemäße Berichterstattung zu gewährleisten.

Bei all dem, was das Bild offensichtlich mit dem Ereignis verbindet, gibt es vieles, was wir über das Bild nicht wissen und nicht in die Interpretation des Bildes einbeziehen (können). Wie am Beispiel der jubelnden Palästinenser zu sehen war.

Dazu zählt, wie diese Bilder entstehen, unter welchen politischen, wirtschaftlichen und organisatorischen Einflüssen sie ausgewählt und redaktionell bearbeitet werden, bevor sie schließlich über die Bildschirme flimmern. Erst die Kenntnis all dieser Aspekte zeichnet ein vollständiges Bild, ermöglicht eine zutreffende Interpretation und erlaubt ein Urteil über die Beziehung(en) des Bildes zur Wirklichkeit. Diesen vielfältigen Beziehungen wollen wir in diesem Buch durch Einblicke in die Praxis der Nachrichtenproduktion und von Philosophie und Wissenschaft angeleiteter Reflexion auf den Grund gehen.

Dieses Vorhaben ist umso lohnender, als wir heute mehr denn je mit Bildern aus aller Welt konfrontiert werden. Der professionelle Journalismus hat sein Monopol auf die *stellvertretende Zeitzeugenschaft*[20] und damit auch auf die Bilder bedeutender Ereignisse in Zeiten des Internets längst eingebüßt. Bis dahin lebte die Erinnerung an historische Ereignisse fast ausschließlich in jener Form, in der sie von Pressefotografinnen und Kameramännern eingefangen wurden. Doch dies hat sich im privaten wie im öffentlichen Leben grundlegend geändert.

Längst nicht mehr nur bedeutende Ereignisse haben Anspruch darauf, für die Ewigkeit festgehalten zu werden. Wurde in früheren Jahrzehnten die schwere Videokamera nur alle Jubeljahre mal ausgepackt um etwa die goldene Hochzeit der Großeltern auf Zelluloid zu bannen, haben nicht wenige Eltern bereits im ersten Lebensjahr ihres Neugeborenen mehr Fotos mit ihren Smartphones geschossen, als von vielen Persönlichkeiten des 20. Jahrhunderts jemals gemacht wurden. Doch auch im öffentlichen Leben herrscht ein nie dagewesener Drang zur Dokumentation.

Egal ob Bundestagsdebatten, Gipfeltreffen oder Staatsbegräbnisse, alles wird zum Medienereignis und selbst wenig bedeutende Parlamentsabgeordnete verfügen in ihren Büros über eine personelle wie technische Ausstattung, die jederzeit einen Live-Stream auf die eigene Facebook-Seite oder in eine Fernsehsendung erlauben – selbstverständlich in HD. Dabei wird keineswegs darauf gewartet, dass es etwas Bahnbrechendes zu verkünden gibt. Selbst die nebensächlichste Entwicklung wird zur *Breaking News* für die eigene Community, die nur eines will: Content – Bilder und Videos sind allgegenwärtig und im wahrsten Sinne auf Knopfdruck verfügbar.

---

[20] Siehe dazu unter anderem: Emcke (2016); Allert (1997).

1.5 Eine kleine Kulturgeschichte der (Nachrichten-)Bilder

Mit dieser Verfügbarkeit verändert sich auch die Erwartungshaltung, die sich sowohl auf die journalistischen Standards als auch auf die Sehgewohnheiten des Publikums auswirkt. Die ehemals Zuschauenden sind selbst zu Produzent:innen von Bildern und Videos geworden, die sie mithilfe immer besserer Mobiltelefone in Sekundenschnelle auf digitale Plattformen hochladen. Auf diese Weise stellen sie eine (Über-)Fülle an Bildern und Informationen bereit, bevor ein professionelles Kamerateam überhaupt am jeweiligen Ort des Geschehens sein kann.

Doch dies war nicht immer so. Am Beginn der Geschichte der Nachrichtenbilder steht kein Überfluss an Material, dem die Redaktion durch immer komplexere Organisation und Selektionsmechanismen Herr werden muss, sondern ein Mangel. Die Bedeutung der Bilder war aber auch schon damals gewaltig. In den 1960er-Jahren gab es lediglich eine einzige Ausgabe der Tagesschau um 20 Uhr, die mit Bildern bestückt und redaktionell betreut werden musste.

Nach und nach kamen bald immer mehr Sendungen hinzu. Rund um die Uhr gibt es heute allein in der ARD im Schnitt 18 Tagesschau-Ausgaben täglich. Hinzu kommen Nachrichtenkanäle wie ntv, Welt oder tagesschau24, Nachrichtenportale im Internet und auf den zahlreichen digitalen Plattformen, welche die Redaktionen ebenfalls versorgen müssen.

Das berühmte Diktum des kanadischen Kommunikationstheoretikers Marshall McLuhann „The medium is the message"[21] bringt dabei die besondere Herausforderung beim Umgang mit Bildern auf den Punkt, denn ein und dieselbe Nachricht lässt sich eben nicht in den unterschiedlichen Kanälen auf die gleiche Weise vermitteln. Im Fernsehen, wo sich ein Publikum mehr oder minder bewusst für den Konsum einer Sendung entscheidet, muss man nicht wie etwa auf Instagram durch möglichst reißerische Bildersprache die Aufmerksamkeit des äußerst flüchtigen Publikums auf den eigenen Beitrag lenken. Gleichzeitig zwingen die große Reichweite und die Unmöglichkeit einer sofortigen Fehlerkorrektur zu einer sorgfältigen Abwägung, ob, wann und wie bestimmte Bilder gezeigt werden.

---

[21] (2002).

Die Erzeuger und Verteiler der Bilder 2

Wenn wir verstehen wollen, wie jene Bilder zustande kommen, die wir in den Nachrichtensendungen sehen, müssen wir in einem ersten Schritt diejenigen Institutionen beleuchten, die daran beteiligt sind. Dazu gehören an prominentester Stelle die internationalen *Bildnachrichtenagenturen*, die das Geschäft der internationalen Bildbeschaffung betreiben. Wie funktionieren diese weltweit agierenden Konzerne und nach welcher Logik arbeiten sie? Warum gibt es aus manchen Regionen dieser Welt mehr Bilder als aus anderen?

Neben den Bildnachrichten-Agenturen spielt für die *öffentlich-rechtlichen Sender* auch der *Bildnachrichtenaustausch* der EBU eine große Rolle: wir werden beleuchten, wie der Zusammenschluss dieser Sender seine Bilder untereinander austauscht und ob er damit ein Korrektiv für das Material der Agenturen sein kann. Schließlich lohnt am Ende noch ein Blick auf Institutionen und Staatsagenturen, die immer mehr Videomaterial selbst produzieren und mit diesem sehr prominent unsere Nachrichtenbilder beeinflussen.

2.1 Die Bildnachrichtenagenturen

Egal ob Sprecherin oder Redakteur, in den großen Redaktionen der nationalen Fernsehsender verlässt niemand im Laufe des Tages seinen Arbeitsplatz, um Pressekonferenzen zu besuchen, Informanten zu treffen oder Videos zu drehen. Konfrontiert mit der Aufgabe, jeden Tag pünktlich auf die Sekunde eine, zwei oder gar mehr Nachrichtensendungen zu produzieren, fehlt dazu schlicht die Zeit.

Die Redaktionen sind also auf die Zulieferung von Informationen und Bildmaterial angewiesen. Beides wird täglich in großer Fülle durch die Nachrichtenagenturen zur Verfügung gestellt, bei denen die Sendeanstalten Kunden sind. Neben der *Deutschen Presse Agentur* (dpa), dem nationalen Marktführer in Deutschland, der zusätzlich zu Texten inzwischen auch umfangreich Bildmaterial liefert, stammen die meisten der täglich veröffentlichten Informationen und besonders die Nachrichtenbilder, von denen in diesem Buch die Rede sein soll, von einem der drei großen internationalen Player: *Associated Press* (AP), *Thomson Reuters* und *Agence France-Presse* (AFP), die zumindest die westliche Nachrichtenwelt beherrschen.

Die Bedeutung der Bildnachrichtenagenturen für den modernen Nachrichtenjournalismus heutzutage ist immens und sowohl in ihrer Auswirkung auf die Art und Weise, wie berichtet wird, als auch über welche Themen überhaupt von den Sendern berichtet werden kann, bislang nur sehr unzureichend untersucht worden. Aus Unkenntnis der Lage oder weil die Auseinandersetzung mit der Nachrichtenproduktion scheinbar erst in den Redaktionen der Sender beginnt, werden die Agenturen selbst oft nur am Rande thematisiert.[1]

Dabei stehen die Agenturen an vorderster Front der Nachrichtenproduktion: Um die Nachrichtenereignisse aus der gesamten Welt abbilden zu können, sind alle Redaktionen darauf angewiesen, dass sie von den Agenturen mit Texten, Bildern und Videos versorgt werden. Noch einmal verschärft stellt sich dieses Problem für aktuelle Fernsehberichterstattung: Natürlich kann kein Sender es sich erlauben, an allen Orten der Welt gleichzeitig mit eigenen Kameras präsent zu sein und eigene Bilder zu produzieren. Weder die größten öffentlich-rechtlichen Sender wie die BBC mit rund 250 Korrespondent:innen in weltweit 50 *foreign news bureaus* noch private Sender wie CNN oder Al Jazeera hätten die Möglichkeit, in wenigen Stunden Material aus den entferntesten Winkeln der Erde zu drehen und pünktlich für die abendliche Hauptnachrichtensendung entsprechende Beiträge zu produzieren. Ohne die drei weltweit operierenden Bildnachrichtenagenturen könnten die Korrespondent:innen in den Auslandsstudios, ganz zu schweigen von den Redaktionen in den Zentralen der Sender, Ereignisse nicht mal ansatzweise aktuell abbilden.

Wenn wir akzeptieren, dass die Agenturen die zentralen Rohstofflieferanten[2] zumal für die Fernsehredaktionen sind, die mit ihren Kameras weltweit erst eine umfassende Berichterstattung möglich machen, ist zu Beginn eines Buchs über Nachrichtenbilder ein genauerer Blick auf diese Global Player unerlässlich. Was

---

[1] Ausnahmen bilden beispielsweise „Cyberfactories" von Barbara Czarniawska-Joerges (2011) und „The International Television News Agencies. The world from London" von Chris Paterson (2011).
[2] Mehr zur Verarbeitung dieser „Rohstoffe" siehe: Tuchman (1973).

treibt diese Bildnachrichtenagenturen an? Wie werden Entscheidungen getroffen? Wie funktionieren die internen Mechanismen, die bestimmen, wohin Agenturkameras gesandt werden? Über was wird berichtet und über was nicht?

2.1.1 Die Zentralen der Bildnachrichtenagenturen

Um die Logik zu verstehen, nach der APTN[3], Reuters oder AFP arbeiten, lohnt ein Blick in deren Zentralen in London, Washington und Paris. Im Zentrum des großen Londoner *Newsrooms* von Reuters etwa, der Zentrale der Redaktion, sitzt der sogenannte *Intake Editor* des Tages. Vor seinem Tisch befinden sich die Monitore, auf denen die Filmberichte von den eigenen Teams aus aller Welt einlaufen. Über 42 Büros verfügt bspw. Reuters weltweit, insgesamt arbeiten dort tausende Angestellte, um Texte, Fotos und Videos zu produzieren und aus aller Welt in die Zentrale zu überspielen. Hier werden sie eventuell nochmals erneut bearbeitet und dann an die Kunden in aller Welt weiterverteilt. (Abb. 2.1)

Abb. 2.1 Reuters Newsroom in London. (Quelle: Reuters)

---

[3] Associated Press Television News – die Bewegtbildabteilung von AP.

Aufgeteilt sind diese Bilder in verschiedene *Feeds*. Im so genannten *Globalen Dienst* oder *World News Service* stellen die *Output Editors* der Agenturen die relevantesten Bilder des Tages aus aller Welt zusammen. Rund 100 verschiedene Filmberichte werden in diesem Dienst täglich an die Kunden weitergegeben, vom Krieg in der Ukraine über ein Treffen der EU-Staats- und Regierungschefs, Wahlen oder Zugunglücke bis hin zu internationalen Prozessen und Naturkatastrophen. Daneben gibt es Filmmaterial für eher regionale Feeds, etwa aus dem Nahen Osten oder Lateinamerika oder für die Livebilder, die die Agenturen ebenfalls anbieten.

Früher wurden die Videos über Satelliten an die Kunden verteilt, heute reicht ein Klick auf die Webseite der Agenturen, um das relevante Material in die Redaktion herunterzuladen.

Im Unterschied zu Texten haben Bilder einen entscheidenden Vorteil: sie müssen nicht übersetzt werden und stellen ein universales Produkt dar, das an so viele Kunden wie möglich verkauft werden kann. Hierin besteht das Geschäftsmodell der Agenturen. Im Gegensatz zu Pressefotos, die auch einzeln von Fotografen oder Agenturen erworben werden können, operieren die internationalen Bewegtbildanbieter mit Abonnements: nur Redaktionen, die sich für ein, zwei oder fünf Jahre fest mit einem Vertrag an die Agentur binden, können die Bilder dieser Agentur auch nutzen. Und zwar genau die Feeds, für die man auch ein Abonnement abgeschlossen hat. Je mehr Kunden die Agentur davon überzeugen kann, ein solches Abonnement abzuschließen, um so einträglicher ist das Geschäft. Denn die einmal produzierten Bilder können dann immer wieder an immer neu dafür zahlende Kunden verteilt werden.[4]

In dieser Logik geht es darum, potenzielle Kunden von der Qualität des eigenen Angebots zu überzeugen, sodass sie ein Abonnement abschließen. Diese werden mit der Erwartung verknüpft, dass diese Agentur schon die für sie relevanten Bilder wird anbieten können. Bei mehreren tausend Redaktionen, die die Bilder der Agenturen abonnieren, ein nicht ganz einfaches Unterfangen – sind die Themenwünsche der weltweit verstreuten Abnehmer in den Redaktionen doch sehr heterogen.

Die Rede des nepalesischen Präsidenten bei einem Auslandsbesuch in den USA – für das nepalesische Fernsehen und einige Anrainerstaaten hochinteressant – interessiert naturgemäß weniger Redaktionen als die Rede eines US-Präsidenten, für die es weltweit viele Nutzer geben wird. Letztere als Agentur nicht abbilden zu können, wäre ein schweres Manko im Vergleich mit den konkurrierenden Agenturen. Dies könnte dazu führen, dass Kunden ihr Abonnement im kommenden Jahr nicht erneuern würden.

---

[4]Laut eigener Darstellung beliefert Reuters heute 780 Fernsehsender in mehr als 100 Ländern.

2.1 Die Bildnachrichtenagenturen

So liegt der Fokus der Agenturen auf Material, das die Mehrheit der Kunden interessiert. Und diese befinden sich in den westlichen Ländern. Das zeigt sich an vielen Beispielen. Von dem verheerenden Monsun, der Indien im Juli 2023 heimsuchte und mehr als 60 Todesopfer forderte, hatten die drei großen internationalen Bildnachrichtenagenturen in fünf Tagen 20 Videos im Angebot. Von den starken Regenfällen und Überschwemmungen im US-Bundesstaat Vermont, bei dem es keine Todesopfer zu beklagen gab, war es alleine an drei Tagen mit 40 Videos die doppelte Menge. Schon gemessen an der Anzahl der Videos zu bestimmten Themen liegt ein klarer Schwerpunkt auf Bildern, die aus den Gebieten kommen, in denen auch die meisten Kunden sitzen. Und das ist eindeutig in den USA und Westeuropa.

Nach dieser Logik wird in den Zentralen der Agenturen entschieden, welches der Themen mit Kameraleuten, einer Fotografin oder einem Textreporter besetzt wird. Welche Themen interessieren die Mehrheit der Kunden, lohnt es sich, über eine Geschichte zu berichten? Schon 2011 stellte der britische Kommunikationswissenschaftler Chris Paterson mit Blick auf die beiden angloamerikanischen Nachrichtenagenturen Folgendes fest:

> „[they] base news coverage largely on the economic priorities of the major Western powers and the assumed interests of major Western media, and that they focus on a limited menu of news stories and news frames from a small group of elite nations."[5]

Wirtschaftlichkeit, der Druck als internationales Unternehmen im globalen Wettbewerb Geld zu verdienen oder als börsennotierter Konzern gute Abschlüsse zu produzieren, bestimmt so die Berichterstattung von Anfang an.

2.1.2 Breaking News ist zentral

Gleich hinter dem Intake Editor sitzen heute Redakteur:innen, die im Falle von *Breaking News* schneller Bilder liefern können als die Reporter aus den weltweiten Agentur-Büros. (Abb. 2.2)

Bevor diese überhaupt vor Ort sein können, durchsuchen ihre Londoner Kolleg:innen die sozialen Medien nach ersten Bildern, die Handybesitzer geschossen und dort hochgeladen haben. Die ersten Fotos von einem Vulkanausbruch auf den Philippinen oder eines zusammengestürzten Hochhauses in Indien kommen fast immer von Privatpersonen, die dies vor Ort miterlebt haben, ihre Handys dabeihatten und diese dann bei Twitter[6] oder Facebook hochgeladen haben, damit ihre

---

[5] Paterson (2011, S. 29).

[6] Das Unternehmen firmiert seit Juli 2023 unter dem Namen „X" wird aber in dieser Veröffentlichung zur besseren Verständlichkeit durchgehend als „Twitter" bezeichnet.

Abb. 2.2 Redakteur:innen im Reuters Newsroom in London. (Quelle: Reuters)

Freunde diese Fotos oder Videos sehen konnten. *User-generated content (UGC)* heißt dies im Fachjargon – Material, das also von ganz ‚normalen' Menschen und nicht von professionellen Journalist:innen aufgenommen und verbreitet wird. Doch auch die Agenturjournalist:innen können dieses Material auf den digitalen Plattformen sehen und es für ihre Zwecke nutzen. Solange noch keine Bilder der eigenen lokalen Mitarbeitenden vorliegen, wird dieser UGC gesichtet, auf seine Authentizität überprüft und für die eigenen Kunden angekauft.[7]

Das Geschäft für die Agenturen hat sich damit substanziell geändert, wie Yann Tessier, Global Head of Output bei Reuters TV, bestätigt:

> „I used to have to know phone numbers of freelance cameramen around to film something for me. That has all changed now. Let´s say a dam collapses, and before you even can get there, there are now 350 people with little phones who shoot this. That´s the best footage."[8]

Die Journalist:innen, die bei den Agenturen also UGC sichten und verifizieren, sitzen nicht umsonst gleich hinter dem *Intake Editor*. Sie sind bei *Breaking News*

---

[7] Weitere Informationen zu redaktionellen Prüfverfahren für UGC siehe Kap. 4.
[8] Aus einem Interview mit Yann Tessier am 13.06.2022.

2.1 Die Bildnachrichtenagenturen

oft die „first line of defense" – die ersten, die Bilder für die Kunden liefern können. Das ist wichtig im Kampf um die Gelder der Zeitungen, Radio- oder Fernsehanstalten, die demnächst wieder ein Abonnement mit ihnen abschließen können. In diesem harten Wettbewerb geht es wie schon zu Zeiten Charles-Louis Havas[9] darum, den Kunden zu zeigen, dass man schneller ist als die Konkurrenz. Nur wer hier beweist, dass er schneller, umfassender und besser als der Mitbewerber berichtet, hat gute Chancen ein Abonnement mit den Sendern zu verlängern. Auch deshalb bekommen *Breaking News* neben dem Terminjournalismus einen so hohen Stellenwert bei den Agenturen.

Bei allen Agenturen wird man wie selbstverständlich die Bilder von Rishi Sunak bei der Pressekonferenz vor 10 Downing Street finden können oder Bidens Ansprache vor Unternehmer:innen. Diese Termine sind gut planbar, Reporter können zu festen Zeiten an den Ort des Geschehens geschickt werden, den Präsidenten oder die Premierministerin ablichten und darüber berichten. Den Unterschied macht aber die Reaktionsschnelligkeit bei *Breaking News*, also bei Bildern oder Texten zu unerwarteten Ereignissen: von Protesten oder Rücktritten, Erdbeben oder Überflutungen, Revolutionen oder Unfällen.

Dementsprechend sind die Agenturen auch aufgestellt. Um die Übersicht in der Masse der Millionen Tweets für die relevanten Bilder zu behalten, nutzen die Bildnachrichtenagenturen – genau wie manche Sender – digitale Plattformen inzwischen nicht mehr nur als Lieferanten von Bildmaterial. Einige Firmen haben sich darauf spezialisiert, Millionen einlaufender Tweets zu durchsuchen und auf neueste, potenziell nachrichtenwürdige Ereignisse hinzuweisen.[10] Insbesondere Nachrichtenagenturen und Redaktionen – nutzen diesen Service, um möglichst vor ihren Konkurrenten zu erfahren, wo sich *Breaking News* ereignen und um

---

[9] Havas (1783–1858) gilt als Erfinder des Informationshandels und Gründer der ersten Nachrichtenagentur. Nachdem er zunächst gemeinsam mit seiner Frau Jeanne Durand-Guillaume de Roure Nachrichten ausländischer Zeitungen ins Französische übersetzte und die so gewonnen Informationen verkaufte, etablierte er mit der Hilfe von Brieftaubenlinien und der aufkommenden Telegrafentechnik ein weltweites Netz an Korrespondent:innen, um seine Produktpalette zu erweitern. Einige seiner Mitarbeiter gründeten in der Folge eigene Büros. Unter ihnen war Paul Julius Reuter, auf den die noch heute bekannte Agentur Thomson Reuters zurückgeht. Bei allen technischen Veränderungen im Laufe der Zeit ist dabei eines gleich geblieben: das Erfolgsrezept, das Havas an die Fassade seines Büros in der Rue Jean-Jaques-Rousseau in Paris montieren ließ und das noch immer der Wahlspruch aller Nachrichtenagenturen ist: Vite et bien (dt.: schnell und gut).

[10] Das Geschäftsmodell dieser Firmen, zu denen z. B. Dataminr gehört, besteht darin, aus den täglich Millionen Tweets diejenigen herauszufiltern, die auf *Breaking News* hinweisen könnten. Twittern z. B. Polizei, Feuerwehr, lokale Politiker:innen und Anwohner:innen von einer erhöhten Polizeipräsenz in einer Stadt werden diese Tweets in der Timeline nach oben „gespült", sind so leichter auffindbar und können Agenturen dazu bewegen, evtl. Kamerateams vor Ort zu entsenden.

schnell darauf reagieren zu können. Als Indikator dient dem verwendeten Algorithmus etwa das raum-zeitlich konzentriert vorkommende Absetzen von Posts durch Personen, die üblicherweise eher zurückhaltend mit eigenen Veröffentlichungen sind.

Trotz dieser technischen Hilfsmittel: das Mindset der Agenturmitarbeitenden, die ständige Ausrichtung auf das Covern von *Breaking News*, bleibt in diesem Wettbewerb mit den Konkurrenten der entscheidende Vorteil.

> „People are very switched on, they are living on their twitter feeds and push notifications [...]. You hear three ambulances going down the road, you start asking questions. Our people are trained to jump. If I hear more than two ambulances, I will find out why there are more than two. You are constantly aware. This is all about instant delivery."[11]

Die Entscheidungen aber, wo die Agenturen ihre Kameras hinschicken, wird in den Zentralen getroffen: wo lohnt es sich, einen Kameramann hinzuschicken, wie lange wird die Story für die Redaktionen relevant sein, wie oft wird dieses Bildmaterial heruntergeladen werden, und covert auch die Konkurrenz die Geschichte? Im Endeffekt ist es eine finanzielle Abwägung, denn das Ziel der kommerziellen Agenturen ist und bleibt es, Geld zu verdienen.

Während des Ukraine-Krieges stocke etwa Reuters seine Mitarbeiter:innen im Kriegsgebiet in wenigen Monaten von zwei auf 42 Kameraleute und Redakteur:innen auf. Alle Bildnachrichtenagenturen gaben dabei große Summen für die Sicherheit vor Ort aus: von gepanzerten Wagen und Versicherungen bis zum *Security Officer* in der Zentrale, der die Teams berät. Dies war unerlässlich, denn Bilder aus dem Kriegsgebiet wurden von allen Redaktionen stark nachgefragt. Doch mehr Berichte aus der Ukraine bedeuteten umgehend auch weniger aus anderen Gebieten: Um nicht in rote Zahlen zu geraten, wurden Mitarbeiter aus anderen Büros abgezogen, in die Ukraine entsandt und diese Außenstellen verkleinert. Nur so ließ sich die umfangreiche Berichterstattung finanzieren, ohne die Shareholder von Thomson Reuters an der Börse zu verprellen oder den AP-Kunden höhere Preise in Rechnung stellen zu müssen.

2.1.3 Wachsender wirtschaftlicher Druck

Zusätzlich zur Herausforderung, möglichst schnell *Breaking News* abbilden zu können, macht den Agenturen inzwischen weltweit die zunehmende Heterogenität

---

[11] Aus einem Interview mit Yann Tessier am 13.06.2022.

2.1 Die Bildnachrichtenagenturen

der Kundenwünsche zu schaffen. Konzentrierte sich das von den Kunden gewünschte Material früher eher auf die sogenannten *hard news*,[12] wurden die Wünsche der Kund:innen mit dem Aufkommen von privaten Fernsehsendern und Auftritten in den sozialen Medien seit den 1990er-Jahren immer breiter. *Entertainment News* oder *Infotainment* wurden wichtiger.[13]

Reichte es in den 1980er-Jahren aus, den Global Feed mit den wichtigsten Politiker:innen-Statements, Wahlergebnissen oder Bildern von Unwettern zu bestücken, müssen heute zusätzlich Filmstars auf Hochzeitsreise oder Promis einer populären Musiksendung abgebildet werden, um auch die Social-Media-Redaktionen zu überzeugen, ein Abonnement abzuschließen. Damit steigt der Kostendruck auf die Agenturen.

Michael Segbers, ehemaliger Chef der Deutschen Presse-Agentur, beschrieb 2007 für die Wortagenturen das, was bis heute auch für die Bildnachrichtenagenturen zutrifft:

„Die Mischung der Probleme ist es: schwache Märkte, Werteverfall der Ware Nachricht und die zunehmende Heterogenität der Kundenwünsche machen allen Agenturen, die Geld verdienen müssen, zu schaffen."[14]

Auch die Live-Berichterstattung ist für viele Kunden in Zeiten der sofortigen Verbreitung von Nachrichten immer wichtiger geworden: Innerhalb weniger Jahre waren Agenturen gezwungen, immer mehr *Lives* anzubieten, die von 24-Stunden-Kanälen gefordert wurden. Zwar half die Technik, weil teure Satellitenverbindungen durch günstige Übertragungstechniken via Internet oder *File Transfer* ersetzt wurden. Aber auch hierfür mussten die Agenturen investieren, um die notwendige Infrastruktur aufzubauen. Binnen einiger Jahre verdreifachten die Agenturen ihre Liveberichterstattungsfähigkeit von meist einem Kanal auf heute bis zu sechs Kanäle.[15]

Eine Möglichkeit, die steigenden Kosten an die Kunden weiterzugeben, wurde für die beiden angelsächsischen Bildnachrichtenagenturen spätestens in den 2000er-Jahren unmöglich. Jahrelang hatte es ein mächtiges Duopol aus nur noch zwei Bildnachrichtenagenturen gegeben: Associated Press (Television News) und Reuters. Beide hatten sich über Jahre in einem ruinösen Machtkampf vieler Kon-

---

[12] Plasser (2005).
[13] Postman (1987).
[14] Segbers (2007, S. 12).
[15] Nach eigenen Angaben strahlt z. B. APTN über seine Live-Kanäle heute 9600 Live-Events aus.

kurrenten entledigt, hatten kleinere Agenturen geschluckt, waren selbst fusioniert oder aufgekauft worden. So wurde die Agentur Reuters selbst nach einem harten Sparprogramm begleitet von Entlassungen 2008 von der kanadischen Mediengruppe Thomson übernommen.

Dann aber betrat ein alter Bekannter als neuer Konkurrent die Bühne und brachte das bisherige Geschäftsmodell ins Wanken: gefördert mit (indirekten) staatlichen Subventionen baute die französische AFP zuletzt ihren Videodienst massiv aus und wurde damit zu einem veritablen Konkurrenten der beiden angelsächsischen Bildnachrichtenagenturen.[16] (Abb. 2.3)

Mit günstigen Angeboten lockten sie neue Kunden, sodass APTN und Reuters nicht mehr in der Lage waren, ihre Preise für Videodienste durchzusetzen. Einige Kunden sprangen außerdem ab, weil immer mehr Material, darunter auch Videos, kostenlos im Internet zu finden war.

Abb. 2.3 Journalisten arbeiten im AFP-Newsroom in Paris. (Quelle: Thomas Samson/AFP)

---

[16] AFP, die nach dem Zweiten Weltkrieg als öffentliches Unternehmen aus der von Charles-Louis Havas gegründeten Agence Havas hervorging, beliefert beinahe zur Hälfte staatliche Einrichtungen. Dabei handelt es sich um eine Art indirekter Medienförderung, die einen Gutteil der Einnahmen von AFP sichert.

2.1.4 Maßnahmen zur Kostenminimierung

Um unter den beschriebenen Umständen profitabel zu bleiben, gab es für die Bildnachrichtenagenturen nur die Möglichkeit, die eigenen Kosten zu senken. Dazu gehörten die Entlassung von Journalist:innen und die Verlagerung von Mitarbeitenden aus sogenannten Hochlohnländern bspw. nach Osteuropa.[17] Einige Änderungen betrafen aber auch die Nachrichtenbilder selbst.

Ein-Manns-Teams
Anders als vor zehn oder fünfzehn Jahren werden heute in der Regel keine großen Teams mit Kameramann und Tonassistentin, Satellitentechniker, Fahrer und Reporterin losgeschickt. Die meisten ‚Teams' bestehen nur noch aus sogenannten *Video Journalists* oder VJs, und sie sind damit auch gar keine Teams mehr. Eine VJ recherchiert heute während sie parallel Fotos und Videos macht und diese gleich danach von ihrem Handy an die Zentrale schickt. Die Mitarbeitenden der großen Bildnachrichten-agenturen, die vielen freien ‚One-Man-Bands' und *Stringer,* erleben damit die neue journalistische Realität als enorme Arbeitsverdichtung: Fotografieren, Filmen, Hintergrundinformationen sammeln, Interviews führen, Texte schreiben – dies alles macht heute ein einzelner Agenturjournalist vor Ort und bedient damit gleich drei Vertriebskanäle der Agenturen: Fotos, Texte und Videos. Dabei zählt natürlich allein der Output: je mehr Stories ein Agentur-Büro in Tel Aviv oder Singapur produziert, umso besser steht es in der Bilanz da, umso eher werden in der nächsten Sparrunde keine Kürzungen vorgenommen, keine Reporter:innen abgezogen.

Up-Picks
Ähnliche Wichtigkeit bei der Kostenreduzierung haben sogenannte *Up-Picks:* hierbei handelt es sich um Material von lokalen Fernsehsendern, Fotograf:innen oder Agenturen, die oft schneller Bilder von vor Ort haben als die großen Bildnachrichtenagenturen selbst. Mit diesen lokalen Medien werden oft im Vorfeld – bei Bedarf aber auch spontan – Verträge abgeschlossen, welche die Nutzung einer bestimmten Materialmenge z. B. im Monat regelt. Im Fall von *Breaking News* beobachten die Büros der Agenturen dann das Programm der lokalen Kolleg:innen und lassen es wenn nötig mitschneiden.

Als eines von vielen Beispielen für diese Praxis können die Bilder von den ersten Verhandlungen kurz nach Ausbruch des Ukraine-Krieges zwischen den Vertre-

---
[17] So berichtete die Süddeutsche Zeitung, Reuters habe ein Teil seiner Belegschaft nach Gdynia in Polen verlagert: Schreiber (15.11.2018).

ter:innen Russlands und der Ukraine in einem belorussischen Ort an der Grenze zur Ukraine nahe der Stadt Tschernobyl gelten. Kurzfristig anberaumt hatte keine der Agenturen die Möglichkeit, ihre Kameraleute rechtzeitig an den Ort des Geschehens zu bringen. Die ersten Bilder des Treffens verbreitete die größte belarussische Nachrichtenagentur *BelTA* (Belarussische Telegrafenagentur). Während wohl kaum einer der Redaktionen weltweit direkte Geschäftsbeziehungen mit der staatseigenen Nachrichtenagentur (und Propaganda-Maschine des Diktators Lukaschenko) hatte, gelang es einer der Londoner Bildnachrichtenagenturen, diese Bilder von *BelTA* aufzuzeichnen und ihren Kunden schneller als andere zur Verfügung zu stellen. Die Kosten dafür waren weitaus geringer als die logistisch aufwändige Reise eines Teams, um über ein so kurzes, überschaubares Ereignis zu berichten.

In diesem Zusammenhang ist es oft egal, wie diese Bilder aussehen, Hauptsache man kann dem Kunden überhaupt Bilder anbieten. Solche Up-Picks sind dann tatsächlich oft keine *clean feeds*, also die reinen Bilder, die jemand vor Ort aufgenommen hat, sondern Fernsehbilder, die direkt aufgezeichnet wurden. Man erkennt sie oftmals bereits an den lokalen Einblendungen drauf. So erklärt es sich, dass chinesische Schriftzeichen oder englischsprachige Einblendungen in den Sendungen der heimischen Fernsehnachrichten zu sehen sind. „Better quick and dirty" als zu langsam, lautet dann die oft geäußerte Begründung. Egal wie es aussieht, Hauptsache man konnte schnell Material in den eigenen Agenturfeed einstellen und damit gegen den Konkurrenten punkten.

Offiziöses Fremdmaterial
Noch kostengünstiger ist es, Material zu verwenden, das Dritte bereits produziert haben und kostenlos zur Verfügung stellen. Immer mehr Regierungen, aber auch NGOs oder private Unternehmen sind in den vergangenen Jahren dazu übergegangen, eigene Videoabteilungen aufzubauen und Hochglanzvideos der eigenen Veranstaltungen selbst zu produzieren. Auf Bildern von Waldbränden oder Rettungseinsätzen z. B. aus Italien ist regelmäßig das Logo der „Vigili del Fuoco" zu sehen. Die italienische Feuerwehr stellt den Sendern und Agenturen Aufnahmen ihrer oft spektakulären Einsätze gerne zur Verfügung und sorgt so auch für ihr positives Image. (Abb. 2.4)

Weit kritischer ist die dahinter liegende Strategie, wenn es um politisch brisante Themen geht. Keine unabhängige Agenturjournalistin würde heute bspw. in den Kreml kommen, um ihre eigenen Bilder vom Empfang des chinesischen Präsidenten durch sein russisches Pendant zu drehen. Wie selbstverständlich produziert der Kreml diese Bilder selbst und verteilt sie kostenlos an alle, die sie haben wollen. Genauso macht es auch das chinesische Staatsfernsehen *China Global Television*

Abb. 2.4 Bildmaterial der italienischen Feuerwehr mit Logo. (Quelle: Imago/ZUMA Press)

Network (CGTN) oder andere Institutionen in eher autoritär geprägten Regimen. Während die Agenturen dadurch lange Anfahrten und Personal sparen, zahlt sich das auch für die jeweiligen Regierungen aus: es dringt nur genau das sauber inszenierte Bild hinaus in die Welt, das man auch zeigen möchte. Unliebsame Einstellungen oder gar Fragen an die Regierenden müssen so nicht befürchtet werden.

Auch zu manchen Hauptversammlungen großer deutscher börsenorientierter Unternehmen sind unabhängige Kameras von Sendern oder Agenturen nicht mehr ohne Weiteres zugelassen: oft übernimmt allein die hauseigene Videoabteilung die Dokumentation der Versammlungen und produziert ein *Poolbild* für alle Interessierten.

Was den Unternehmen nützt und vor unliebsamen Nachfragen oder Kameraeinstellungen schützt, hilft den Agenturen, Geld zu sparen. Die Bilder allerdings, die sie dann alle an ihre Kunden verbreiten, gleichen sich bis auf das Haar, denn sie kommen nur aus dieser einzigen Quelle.

Noch schneller wird es dadurch, dass an vielen dieser Orte feste Kameras installiert sind, die mit Direktleitungen an die Sender und Agenturen verbunden sind. Reporter:innen vor Ort sind eigentlich nicht mehr nötig – zumindest, wenn es darum geht, das Bildmaterial zu produzieren. Der Präsident oder die Premierministerin geben ein kurzes Statement ab, im journalistischen Alltag *O-Ton* (Originalton) genannt und ohne – für manche Verantwortliche in Politik oder Wirtschaft – lästige Nachfragen gehen diese O-Töne direkt in die Zentralen der Nachrichtenagenturen, die diese unmittelbar an ihre Kunden weiterleiten.

2.1.5 Der Druck, Geld verdienen zu müssen, bestimmt die Bilder

One-man-teams, up-pick-Material und offiziöse Bilder helfen also, Geld zu sparen: wenn man keinen eigenen *Video Journalist* vor Ort entsenden muss, entfallen Reise- und Personalkosten. Allerdings ist die Qualität des Materials oft nicht so gut wie das, was die eigenen Kolleg:innen mitbringen. Oft kommt dieses Material aber erst über Umwege bei den jeweiligen Kunden an. Denn die Anreise kostet vor allem eines: Zeit.

Umso wichtiger ist es, dass sich dies auch rechnet, sprich: dass dieser VJ möglichst viel Material von einer Geschichte vor Ort liefert. Erste schnelle, ungeschnittene Bilder, vielleicht noch bevor die Polizei den Tatort z. B. eines Amoklaufs abgesperrt hat. Diese sogenannten *rushes* werden von den Agenturen als *flashes* an den Kunden gesendet. Es folgen Liveübertragungen, dann Interviews mit Augenzeug:innen, Pressekonferenzen der Polizei und Staatsanwaltschaften, Bilder der Aufräumarbeiten am Tatort, der ersten Blumen, die geschockte Menschen am Tatort ablegen, einem möglichen Besuch einer Politikerin, gefolgt von weiteren Pressekonferenzen. Erst wenn man als VJ viel absetzt, lohnt sich das für einen selbst – und die Agentur.

2.1.6 Immer wieder dieselben Geschichten

So kommt es zu einer interessanten Logik: wenn eine Story erst einmal etabliert ist, eine Agenturjournalistin vor Ort ist und weiß, wo gute Bilder gemacht werden können, wiederholt sich die Geschichte immer wieder. Waldbrände in Spanien, ein Lavastrom auf den Kanaren – je mehr davon angeboten wird, desto mehr lohnt es sich.

Ein eindrückliches Beispiel dafür sind die Bilder aus dem Nahen Osten. Immer wieder freitags werfen palästinensische Jugendliche Steine auf israelische Sicherheitskräfte, zünden Autoreifen an, liefern sich quasi ritualisiert Scharmützel mit den Sicherheitskräften.[18] (Abb. 2.5)

---

[18] Der Text wurde bereits vor den verheerenden Terroranschlägen der Hamas im Oktober 2023 verfasst.

2.1 Die Bildnachrichtenagenturen

Abb. 2.5 Proteste von Palästinenser:innen. (Quelle: Imago/APAimages)

An kaum einem anderen Ort der Welt sind die Kameras der Agenturen so dicht aufgestellt. Und müssen sich bezahlt machen. Fast jeden Freitag bieten die Agenturen in ihren Feeds diese Bilder auch an. Die Story ist klar, weltweit gibt es viele Kunden, die über den Nahost-Konflikt berichten. Und die Bilder sind eindrucksvoll und relativ leicht zu filmen. Es ist also lohnend für die Agenturen, diese Bilder zu produzieren. Auch wenn es nur 15 Jugendliche sind, die ein paar Steine werfen. Mit einem Zoom gefilmt und entsprechend geschnitten, sieht es dramatisch genug für die Abendnachrichten der Kunden aus. Und so wird jeden Freitag stereotypisch ein Konflikt bebildert, weil es sich lohnt. Und andere Themen und Konflikte, viel weiter weg und weniger im Fokus der Kameras, finden in den Nachrichtenfilmen der großen Bildnachrichtenagenturen nur selten statt.

Der Druck, wirtschaftlich erfolgreich zu sein, hat die Bildnachrichtenagenturen voll erfasst: umgeben von immer mehr Konkurrenten, geschwächt durch die gratis im Internet verfügbaren Bilder und durch die immer diverser werdenden Wünsche ihrer Kunden wird es für die Agenturen schwieriger zu beweisen, dass sie noch relevant sind, Geld verdienen können und ihr Geld wert sind.

Bereits eingeführte Geschichten mit bekannten Narrativen sind einfacher zu recherchieren, billiger zu produzieren und den Kunden leichter zu verkaufen als neue. Damit verstärken die Bildnachrichtenagenturen den immer wiederkehrenden

Kanon gleicher Bilder mit ähnlichen Geschichten. Der Druck, in einem schwierigen Umfeld profitabel sein zu müssen, führt dazu, dass die Redaktionen mit immer denselben Bildern beliefert werden und dieselben Geschichten immer wieder neu erzählen.

Dies bleibt auch Kritiker:innen nicht verborgen, wenn sie die Einförmigkeit der Berichterstattung bei den öffentlich-rechtlichen Sendern anprangern.[19] Übersehen wird dabei oft, dass die Sender im Wesentlichen auf das Material der Bildnachrichtenagenturen angewiesen sind, um ihre Berichte zu produzieren. Und von diesen – aufgrund der beschriebenen wirtschaftlichen Zwänge – häufig mit Bildern zu denselben Geschichten beliefert werden. So ist es für die Redaktionen, besonders in der internationalen Berichterstattung, nur schwer möglich, aus dem angebotenen Themenkorsett auszubrechen. Sie sind auf das angewiesen, was die Bildzulieferer anbieten, und das ist einer der zentralen Gründe für die Wiederholung des immer wieder gleichen Themenkanons in den allabendlichen Sendungen.

2.2 Der EBU-Nachrichtenfilm-Austausch

Auch für erfahrene Nachrichtenprofis ist der Blick in den Kontrollraum der *Eurovision News Exchanges* in Genf beeindruckend: vor einer langen Wand mit unendlichen Monitoren blicken die Ingenieur:innen des *Eurovision Coordination Centers* auf hunderte Live-Signale aus aller Welt: links flimmern Bilder von einem Formel-1-Rennen, ganz außen sieht man Live-Schalten etlicher Korrespondent:innen von einem G-20-Gipfel, in der Mitte finden sich Proteste in den USA oder Proben für den Eurovision Song Contest.

In dem unweit des internationalen Flughafens gelegenen Hauptsitz der *European Broadcasting Union* (EBU) mit seinen riesigen weißen Satellitenschüsseln laufen die Fernsehsignale aus aller Welt zusammen und werden von hier aus weiterverteilt.

Das weltweite Satellitennetz, die Fähigkeit von fast jedem Punkt der Welt möglichst rasch ein Signal zu einem anderen Ort übertragen zu können, ist immer noch das Herzstück der EBU – auch in Zeiten, in denen immer mehr Überspielungen und Live-Schalten über kleine Übertragungseinheiten nicht größer als Rucksäcke und per *File Transfers* über das Internet ganz dezentral abgewickelt werden können.

Besonders sichtbar wird dies hier, wenn es einen großen Gipfel der Staats- und Regierungschef:innen gibt: nichts ist schneller als eine Live-Übertragung, jede Nation möchte die Pressekonferenz ihres Präsidenten oder ihrer Regierungschefin so schnell wie möglich zu Hause haben und den Zuschauenden zeigen können. Das große

---

[19] Hilker et al. (2022).

Satellitennetz, über das die EBU verfügt und die Erfahrung der Kontrolleingenieur:innen im Hauptschaltraum, etliche Signale parallel punktgenau in die angeschlossenen Sender zu bringen, sind noch immer das wirtschaftliche Rückgrat der Organisation.

2.2.1 Eurovision News Exchange

Gleich neben dem Kontrollraum der EBU, nur durch eine Glasscheibe getrennt, befindet sich der EBU-Newsroom. Hier verläuft eine unsichtbare, aber wichtige Grenze: Während die Ingenieur:innen nebenan für jeden Kunden weltweit arbeiten, der seine Fernsehsignale von A nach B senden will, befindet sich im Newsroom auf der anderen Seite die Schaltzentrale des Eurovision News Exchange, der nur für einen ‚exklusiven Club' arbeitet. (Abb. 2.6)

Denn der *Eurovision News Exchange* (EVN) ist bis heute eine der Nachrichtenzentralen, die ausschließlich für die öffentlich-rechtlichen und staatlichen Fernsehsender in Europa arbeiten. Und zwar für diejenigen, die in der EBU zusammen-

Abb. 2.6 EBU-Schaltraum. (Quelle: Michael Wegener)

geschlossen sind. Dazu zählen inzwischen 69 Sender,[20] von der BBC in Großbritannien, über das französische Fernsehen oder der RAI in Italien, die nordischen Sender wie zum Beispiel NRK aus Norwegen oder SVT aus Schweden bis zum israelischen öffentlichen-rechtlichen Fernsehen und den staatlichen Sendern Nordafrikas[21]. Seit dem Fall des Eisernen Vorhangs Anfang der 1990er-Jahre zählen auch die großen Sender aus Mittel- und Osteuropa[22] dazu, wie zum Beispiel das polnische Fernsehen, TVP, das bulgarische BNT und – bis zum Ausschluss nach dem Ukraine-Krieg – auch die beiden größten russischen Sender RTR und Channel 1 Russia. Auch die beiden deutschen öffentlich-rechtlichen Sender ARD und ZDF sind Mitglieder in der EBU und aktiv am Nachrichtenfilm-Austausch beteiligt.

Der EVN bedient also ausschließlich die 69 Mitglieder der EBU, die sich zusammengeschlossen haben, um untereinander die relevantesten Nachrichtenfilme zu handeln, und zwar in Form eines Tauschgeschäftes: Das slowenische Fernsehen braucht Aufnahmen des Außenministers beim Besuch in Kroatien. Der polnische Sender TVP aus Warschau hingegen interessiert sich für Bilder vom Unfall eines Kleinbusses in Deutschland. Kann das ZDF diese Bilder liefern? In Italien soll sich Meloni zu aktuellen politischen Entwicklungen geäußert haben. Könnte das auch für andere Sender in Europa interessant sein? Nach diesem Prinzip funktioniert der Austausch noch heute. Koordiniert wird das Ganze von einem Team von etwa sieben Kolleg:innen, die den täglichen Austausch der Bilder, den Eurovision News Exchange, zusammenstellen.

Anruf beim italienischen Sender RAI in Rom: haben sie Bilder von der Sitzung des italienischen Senats? Ist vielleicht ein O-Ton der Regierungschefin mit dabei? Den bräuchte z. B. das dänische Fernsehen DR, das keinen eigenen Korrespondenten in Rom hat, aber am Abend über die aktuelle Regierungskrise berichten will und diese Bilder dafür benötigt. Und wann könnte die Kollegen der RAI die Bilder überspielen?

Es geht zu wie auf dem Börsenparkett. Andauernd neue Anfragen von Sendern, die Bildmaterial suchen und Anrufe von anderen, die welches anzubieten haben. Hunderte solcher kleineren und größeren Transaktionen arrangiert das Team von Nachrichtenbrokern der European Broadcasting Union täglich in Genf.

---

[20] Eine vollständige Liste der Mitglieder der EBU, die sich am Nachrichtenfilm-Austausch beteiligen, finden sich u. a. auf der EBU-Webseite https://www.ebu.ch/about/members.

[21] Die Mitgliedschaft des algerischen oder libyschen Fernsehens in der EBU hat auch damit zu tun, dass Frankreich bei der Gründung darauf drängte, dass auch die damals noch teilweise abhängigen Kolonialstaaten an diesem Austausch beteiligt werden sollten.

[22] Seit 1960 betreiben die mittel- und osteuropäischen Fernsehsender ihren eigenen, von Prag aus koordinierten Austausch von Nachrichtenfilmen, der sog. „Intervision". Die Mitglieder der OIRT traten 1993 der EBU bei.

2.2.2 Geschichte der European Broadcasting Union

Die EBU wurde am 12. Februar 1950 von einer Reihe europäischer Rundfunkanstalten als Nachfolger der *International Broadcasting Union* gegründet. Neben gemeinsamen technischen Entwicklungen stand von Anfang an das Ziel im Vordergrund, ein Netzwerk zu schaffen, über das man Nachrichtenfilme austauschen konnte. Nach mehreren technischen Versuchen kam es am 2. Juni 1953 zur ersten Live-Übertragung in der Geschichte der Union, als die EBU über ihr Netzwerk Bilder der Krönung Elisabeths II. an die bei ihr zusammengeschlossenen Fernsehsender weitergab, die sie dann ihrem Publikum zeigen konnten. Abseits des Nachrichtengeschäfts fand 1956 die erste Ausstrahlung des Eurovision Song Contest statt.

Anfänglich wurde der Austausch nur anlässlich von Großereignissen aktiviert: Zum Tod von Papst Pius XII. am 9. Oktober 1958 konnten z. B. die Rundfunkstalten aus Belgien, Großbritannien, Frankreich und den Niederlanden ihren Zuschauer:innen das Bild des italienischen Fernsehen zeigen. Die RAI übertrug damals Livebilder vom Petersplatz, man hörte die Glocken des Petersdoms und die Verkündung, dass der Papst tot sei. Nach dieser erfolgreichen Versuchsreihe beschloss die EBU, schnellstmöglich einen täglichen Nachrichtenaustausch einzurichten. Dieser sollte so aussehen, dass die Teilnehmenden während einer täglichen Konferenzschaltung, die von einem *News Coordinator* geleitet wurde, erstens ihre Beiträge anbieten und zweitens Material von anderen bestellen konnten. Am 1. Januar 1962 war es dann soweit und der tägliche Nachrichtenaustausch wurde fest eingerichtet. Währenddessen wurden Standleitungen für ein dauerhaftes Tonnetz angemietet, welches die Telefonkonferenzen vereinfachen sollte.[23]

Das weltweite Satellitennetz, auf das die EBU zum Teil über langfristige Verträge zugreifen konnte, war von Anfang an auch der Grundstein des Nachrichtenfilm-Austauschs: bis in die 2010er-Jahre lief der Austausch der Filme zwischen den einzelnen Sendern ausschließlich über Satellit – mit Hilfe der Kolleg:innen auf der anderen Seite der Glasscheibe im Gebäude der EBU, die mühsam die Verbindungen herstellen mussten. Bis 17 Uhr hatte der jeweilige *News Coordinator* des Tages eine Liste von Filmen zusammengestellt, die ausgetauscht werden sollten. Ein typischer Ablauf sah so aus: zunächst ein für alle interessanter Bericht der BBC, dann zwei von einer Papstmesse und einem Streik in Italien, danach ein Unwetter in Griechenland, usw.

Punkt 17 Uhr schalteten die Ingenieur:innen der EBU also nach London, wo die BBC ihren Beitrag abspielte. Alle anderen angeschlossenen Sender starteten parallel ihre Aufnahmegeräte – der Beginn des Nachrichtenaustausches. Der Zeitpunkt

---

[23] Siegordner (2008).

selbst schien günstig, da bis dahin in den meisten Sendern die eigenen Reporter:innen schon ihr gedrehtes Material in die Sendezentren zurückgebracht hatten. Und auf der anderen Seite war in den Sendern dann gerade noch genügend Zeit, um aus den wenigen eingelaufenen internationalen Bildern noch einen Film für die eigene Sendung am Abend zu schneiden. „Es herrschte eine gewisse Übersichtlichkeit, die Materialmenge war überschaubar", erinnert sich ein CvD der Tagesschau:

> „Es gab im Wesentlichen die Eurovision, die zu bestimmten festgelegten Zeiten Material der anderen EBU-Anstalten überspielte. Dazu kamen ab und zu noch die ARD-Studios mit ein paar Bildangeboten, aber das war es."[24]

2.2.3 Die Logik des Nachrichtenaustausche

Sechs Jahre nach dem Start hatte sich das Ganze bereits als Erfolgsmodell herausgestellt und um 18.30 Uhr mitteleuropäischer Zeit wurde ein zweiter Austausch mit dem Namen „EVN 2" etabliert, um auch noch später eingetroffenes Material austauschen zu können. 1974 reichte auch das nicht mehr aus: immer mehr Sender zeigten inzwischen mehr als eine Nachrichtensendung im Programm und so etablierte man einen frühen, täglichen Austausch, die EVN 0 um 12 Uhr. Später kamen weitere feste Austauschzeiten um 5.30 Uhr, 10.30 Uhr und 21.30 Uhr hinzu.

Dazu gab es neben den festen Überspielzeiten für die Nachrichten Filme von 5.30 Uhr morgens bis 21.30 Uhr abends zusätzliche regionale Fenster, indem z. B. die nordischen Sender, die TV-Anstalten Osteuropas oder Südosteuropas ihre eher bilateral interessanten Filme z. B. von Besuchen von Außenminister:innen oder Staatschefs austauschen konnten. Für besonders wichtige Bilder konnte der *News Editor* die regulär gesetzten Austauschzeiten durchbrechen und das Material als *Eurovision News Flash* jederzeit an die Mitglieder senden. Der *News Editor* im Zentrum des Nachrichtenmarktplatzes fungierte also als Nadelöhr oder Gatekeeper, an dem alle Bilder vorbei mussten: waren sie relevant für alle Mitglieder oder nur von regionaler Bedeutung und für die regionalen Fenster geeignet? Welches Material war besonders von Mitgliedern nachgefragt und musste vordringlich besorgt und verteilt werden? Welches konnte warten oder war nicht wichtig genug, um überhaupt ausgetauscht zu werden?

Neben dem *Permanent News Network*, auf dem der Eurovision News Exchange mit bis zu 150 Nachrichtenfilmen am Tag lief, hatte sich über die Jahre ein weiteres Netzwerk, das *Permanent Event Network*, entwickelt. Das war zu Beginn ein Kanal, später waren es mehrere Kanäle, über die auch Livebilder übertragen werden konn-

---

[24] Interview mit Andreas Hummelmeier, CvD der Tagesschau, am 14.01.2022.

2.2 Der EBU-Nachrichtenfilm-Austausch

ten. Wieder waren die Mitglieder hier die Auslöser für die Neuentwicklung: immer mehr von ihnen hatten Ende der 1990er-Jahren 24-Stunden-Nachrichtenkanäle eingerichtet, die von da an auch Material brauchten, das man senden konnte. Dauerhaft bestand dann mit dem Permanent Events Network die Möglichkeit, einen (bei Bedarf auch einen zweiten) Live-Kanal mit Bildern von Pressekonferenzen aus Frankreich oder Kroatien, EU-Treffen oder Demonstrationen in Griechenland zu füllen.

Fallbeispiel 9/11
An Tagen wie dem am Anfang des Buchs beschriebenen 11. September 2001 wird deutlich, wie zentral der Newsroom der EBU für die Mitglieder geworden ist: elementar waren die Live-Kanäle, welche die Bilder aus Manhattan direkt zu den Mitgliedern brachten und es den Sendern ermöglichten, eigene Live-Sendungen anzubieten. Der *News Editor* des Tages entschied, das Live-Bild eines Hubschraubers von CBS auf diesen Live-Kanal zu legen, das dann in fast allen Sendern auch live gezeigt wurde.

Anfang der 2000er-Jahre hatte die EBU begonnen, Verträge mit etlichen Partnersendern auch außerhalb Europas zu schließen, u. a. mit der US-amerikanischen *Central Broadcasting Corporation* CBS, die über ein großes Netzwerk eigener Partnersender in den USA verfügt. So konnte die EBU ihren News Exchange mit Material der CBS-Sender aus den USA auffüllen und so ihren Mitgliedern Material für ihre Berichte über die USA zur Verfügung stellen.[25] Am 11. September 2001 war dieses Abkommen Gold wert, denn viele US-amerikanische Sender halten bis heute ein Netz von Hubschraubern bereit, um jederzeit bei *Breaking News* ein Live-Bild zu haben. Und so erhielten die EBU-Mitglieder ein CBS-Live-Bild, das sich von den Agentur-Lives deutlich unterschied.[26]

Nach den Meldungen von den Flugzeugabstürzen im Pentagon und nahe Shanksville wurden ad hoc zwei weitere Live-Kanäle über das Satellitennetz der EBU aus den USA gebucht, um auch diese Bilder allen Mitgliedern live zur Verfügung zu stellen. Dazu Live-Signale aus New York und Live-Reaktionen aus aller Welt.

Parallel zu den Live-Bildern gab es eine wahre Flut von einzelnen Filmen, die auf die Eurovision News Exchanges an diesem und den nächsten Tagen einströmte. Reaktionen aus vielen unterschiedlichen Ländern, darunter die bereits angesprochenen inszenierten Bilder von jubelnden Palästinensern, Auftritte von US-

---

[25] Umgekehrt kann sich CBS auch aus dem Material der EVNs bedienen.
[26] Ähnliche Assoziierungsabkommen hat die EBU inzwischen fast weltweit, u. a. mit der Asiavision, einem Zusammenschluss asiatischer Sender, die nach einem ganz ähnlichen Modell wie die EBU miteinander kooperieren oder mit der kanadischen CBC oder der japanischen NHK.

Präsident Bush, Beileidsbekundungen, Blumen vor US-Botschaften weltweit und vieles andere mehr. Schon am Tag des Terrorangriffs selbst wurde deshalb ein zweiter Kanal für besonders wichtige Nachrichtenfilme eingerichtet, um die Kapazität für den Austausch zu verdoppeln. Auf diese Weise wurden die ungeheuren Mengen an Bewegtbild so schnell wie möglich zu den EBU-Mitgliedern weitertransportiert.

2.2.4 Gegenentwurf zum Modell der Agenturen

Ein Erfolgsmodell waren die *Eurovision News Exchanges* auch, weil sie sich früh zu den Agenturen öffneten. Seit 1967 konnten die beiden Nachrichtenagenturen Reuters und APTN ihre Kunden auch über die EVNs erreichen. Der *News Coordinator* hatte die Möglichkeit, zusätzlich zu dem Material der EBU- Mitglieder einzelne Filme der Nachrichtenagenturen in den Austausch aufzunehmen. Diese konnten dann allerdings nur von EBU-Mitgliedern genutzt werden, die auch einen Vertrag mit einer der Agenturen hatten.

In Zeiten als es zum Empfang von Agenturmaterial noch jeweils eigene Satelliteneinrichtung bedurfte, war dies auch für die Agenturen eine kostengünstige Möglichkeit, ihre Kunden mit ihrem Material zu versorgen. Für die Mitglieder der EBU bot dies ein erheblichen logistischen Vorteil. Die *Eurovision News Exchanges* wurden so etwas wie ein One-Stop-Shop: egal aus welcher Quelle, egal ob Filme von einem anderen EBU-Mitglied oder einer der Bildnachrichtenagenturen, über die EVNs lief alles relevante Filmmaterial ein, das man für die abendliche Nachrichtensendung brauchte. Andere Quellen brauchte man nicht zusätzlich aufzuzeichnen.

Obwohl die EBU über ihren Austausch auch Agenturmaterial anbot, blieben die EVNs jedoch ein ganz klarer Gegenentwurf zu den Agenturen: hier ging es nicht darum, Material an Kunden zu verkaufen. Die hier zusammenarbeitenden Sender wollten nicht eine weitere, von einer bestimmten (anglo-amerikanischen) Sichtweise dominierte Agentur sein. Man sah sich dezidiert als dezentraler Zusammenschluss verschiedener nationaler Sender, die gegenüber den Agenturen den Vorteil hatten, auch in kleineren Ländern mit vielen Kameras vertreten zu sein und diese Filme untereinander auszutauschen, nach dem Prinzip: hilfst du mir heute, so helfe ich dir morgen. Und man war stolz darauf, dass hier Filme ausgetauscht wurden, die aus französischer, deutscher, spanischer oder slowakischer Sicht eine Geschichte erzählten – mit größerer Detailkenntnis als das oftmals nur zeitweilig in einem Land arbeitende Agenturjournalist:innen konnten.

Wie sehr sich die *Eurovision News Exchanges* als Gegenentwurf zum Modell der Agenturen sahen, zeigte sich daran, dass es bis 1999 keinen zentralen Newsroom gab, von dem aus die *News Exchanges* gesteuert wurden. Die angeschlossenen

Sender stellten selbst die Redakteur:innen, um den Austausch der Nachrichtenfilme zu koordinieren.

An einem Tag stellte die Kollegin vom französischen Fernsehen aus ihrem Büro in Paris die Beiträge zusammen und leitete die Konferenzen, am nächsten Tag der irische Kollege aus Dublin, danach war die ARD aus Hamburg dran, usw. Dadurch sollten die jeweils typisch unterschiedlichen nationalen Sichtweisen den Austausch stärker prägen. Die EBU in Genf stellte „lediglich" die technische Infrastruktur sicher. Dies betraf sowohl die Satellitenkapazität für den technischen Austausch der Filme als auch die Sprechfunkverbindung zwischen den einzelnen Sendern, über die die Konferenzen abgehalten wurden. Finanziert wird das alles bis heute über die EBU-Mitgliedsbeiträge, die sich nach der Größe der europäischen Sender staffeln.

Als bewusst gesetzte Alternative zu den Agenturen, bestehen die Sender bis heute immer auf ihrer Eigenständigkeit und Unabhängigkeit von der EBU: diese betreut die *News Exchanges* im Auftrag ihrer Mitglieder. Wie diese jedoch konkret ausgestaltet werden, welche Leistungen sie erbringen, das ist eine Frage, die nicht die EBU, sondern die Mitglieder bestimmen. Es handelt sich also eher um ein genossenschaftliches Modell, das hier umgesetzt wird: die EBU gehört allen Mitgliedern – diese bestimmen über zahlreiche Aufsichtsgremien wie z. B. das *Executive Board* oder das *News Committee*, wie der Nachrichtenaustausch konkret funktioniert, wie viele Live-Kanäle es gibt, wie viele Mitarbeitende in den einzelnen Bereichen arbeiten und vieles andere mehr.

Dieses Alternativmodell wurde auch nicht aufgegeben, als ab dem Jahre 2000 die *News Editors* die *Eurovision News Exchanges* nicht mehr aus den jeweiligen nationalen Sendern betreuten, sondern aus dem neu aufgebauten zentralen Newsroom bei der EBU in Genf. Sie wurden für mehrere Jahre aus ihren Sendern nach dorthin entsandt, denn inzwischen war es fast unmöglich geworden, einen Nachrichtenaustausch mit Live-Kanälen und jährlich mehr als 40.000 ausgetauschten Filmen jeden Tag von wechselnden Häusern aus zu steuern. Bis heute sollen die *News Editors* aber aus den Häusern der jeweiligen Mitgliedsender kommen. Das *News Committee*, zusammengestellt aus Vertreter:innen der Mitgliedsender, kontrolliert in deren Auftrag die Qualität der Arbeit und des Nachrichtenaustausches und hat ein Mitspracherecht bei der Besetzung der Stellen.

2.2.5 Vom Satelliten zum File Transfer

Heutzutage werden jährlich rund 45.000 Nachrichtenfilme über die *Eurovision News Exchanges* ausgetauscht. Dazu kommen hunderte von *Lives* über inzwischen drei parallel laufende Live-Kanäle. Da die Mitgliedsender immer mehr Sendungen und Live-Kanäle betrieben, die immer schneller an mehr Bilder kommen mussten, wurden die festen Austauschzeiten 2015 abgeschafft. Auch eine Satellitenverbindung ist heute für den Austausch nicht mehr nötig: anstatt aufwändig Leitungen für die Überspielung von Filmbeiträgen aus den Mitgliedsländern der Eurovision für die *News Exchanges* in Genf zu buchen, werden die Beiträge heute als Dateien über die EBU News Exchange Webseite hochgeladen und stehen damit allen, die sie herunterladen wollen, als *Files* zur Verfügung. 2018 entschied die EBU auch, keine Beiträge der Agenturen mehr über die EVNs zu vertreiben; nachdem die Kosten für den Empfang von Agenturmaterial in den Häusern dank einer schnellen Internetverbindung erheblich gesunken waren, gab es keinen Grund mehr, weshalb die Mitglieder Agenturmaterial nicht direkt empfangen sollten. Über die EVNs werden seitdem nur noch Beiträge von EBU-Mitgliedern ausgetauscht.

Ging es früher darum, das Material sorgfältig auszuwählen und auch mal wegfallen zu lassen, um teure Satelliten-Überspielungen nicht ausufern zu lassen, hat der EBU *News Editor* heute weniger die Rolle eines Gatekeepers, sondern die eines *Traffic Regulators,* nämlich zu entscheiden, welcher Beitrag prioritär über die Webseite den Mitgliedern angeboten wird, und welcher nachrangig behandelt wird. Zentral ist allerdings weiterhin seine Aufgabe für die EBU-Mitglieder, auf die Jagd nach dem Material anderer Mitglieder zu gehen, sprich: gewünschtes Material von anderen Mitgliedern für den Nachrichtenaustausch zu bekommen.

Wichtigstes Arbeitsmittel für den *News Editor* und sein Team aus *News Producers* ist dafür noch immer das Telefon, über das er die Mitgliedssender bittet, Material zur Verfügung zu stellen. In allen EBU-Sendern gibt es dazu eine korrespondierende Redaktion (bei der Tagesschau die „Euro", beim ZDF das „International Video Desk"), die als zentrale Ansprechpartner dienen und die EBU-Zentrale mit Filmbeiträgen aus ihrem jeweiligen Land versorgen.

Dies ist durchaus keine triviale Aufgabe: denn die meisten Sender arbeiten zunächst einmal daran, Bilder und Reportagen ihrer Korrespondent:innen für die eigene Sendung fertigzustellen; der Materialaustausch mit anderen spielt dabei eine nachgeordnete Rolle – zumindest im Vergleich mit den Agenturen, deren Ziel es ist, so schnell wie möglich Rohmaterial an andere zu verteilen. Die *Eurovision News Exchanges* sind dadurch im Durchschnitt deutlich langsamer als die Agenturen. Ein systeminhärentes Manko, das nur schwer auszugleichen ist. Noch gewichtiger sind allerdings die Beschränkungen, die sich aus den Eigenheiten der EBU-Mitglieder ergeben.

2.3 Zu große Staatsnähe behindert den Bilderaustausch

Zur EBU gehören nicht nur öffentlich-rechtliche Sender, die wie etwa die nordeuropäischen Mitglieder NRK, SVT oder YLE relativ staatsfern aufgestellt und verfasst sind. Auch eine Reihe von ‚Staatssendern' sind Mitglieder. Diese werden nicht durch Beiträge oder Rundfunkgebühren aller (potenziellen) Nutzenden finanziert, sondern sind von direkten staatlichen Zuschüssen oder Haushaltsmitteln abhängig.[27] Je nach politischer Mehrheit und Regierungswechsel unterliegen diese Sender immer direkteren Zugriffen durch die jeweils regierenden Parteien und Mehrheiten. Journalistische Unabhängigkeit hat es in diesen Sendern nicht immer leicht.

Fallbeipiel TVE
Nachdem die Parlamentswahl in Spanien zu einem Regierungswechsel geführt hatte, ersetzte die Partei von Premierminister Mariano Rajoy, Partita Popular, 2011 nicht nur die Chefredaktion des spanischen Senders TVE mit eigenen Gefolgsleuten, sondern bestimmten zunehmend auch, über was und wieviel berichtet werden durfte. Eine unter der sozialistischen Regierung zur Chefin des TVE-Nachrichtenkanals TVE 24 aufgestiegene Journalistin bekam ab sofort deutliche Anweisungen von ihren neuen Chefs. So z. B. bei den landesweiten Protesten 2012 gegen die Arbeitsmarktpolitik der Regierung Rajoy. Natürlich wollten die Journalist:innen von TVE 24 ausführlich über die großen Demonstrationen der Gewerkschaften berichten, mit Live-Schalten, Reportagen und Gesprächspartnern. Daraus wurde allerdings nichts. Sollte sie mehr als 30 Sekunden über Demonstrationen einer halben Million Spanier gegen die Arbeitsmarktpolitik der Regierung berichten, so die Anweisung der Chefredaktion, würde sie ihren Job verlieren.[28]

Tatsächlich wurde die Kollegin von einem auf den anderen Tag ihres Jobs enthoben und wieder in die Abteilung versetzt, in der sie vor 20 Jahren angefangen hatte. Dienstliche Auslandsreisen z. B. zu Treffen der EBU-Nachrichtenkolleg:innen durfte sie nicht mehr unternehmen, ihren Vorsitz im EBU *News Comitee*, in das sie gerade erst von anderen EBU-Sendern gewählt worden war, musste sie niederlegen. Proteste der anderen EBU-Sender gegen dieses Vorgehen wurden von der Senderspitze von TVE ignoriert und nicht beantwortet.[29]

---

[27] Hallin und Mancini (2004, 2017).
[28] Gespräch mit der Leiterin des Büros für Internationale Beziehungen bei TVE am 16.01.2023.
[29] Mit dem erneuten Regierungswechsel zur sozialistischen Regierung unter Pedro Sánchez 2018 stieg die Kollegin übrigens wieder auf, wurde zur Leiterin des TVE-Büros für internationale Beziehung ernannt und erneut Mitglied in diversen Gremien der EBU.

Natürlich wurde TVE 2012 auch untersagt, mehr als 30 Sekunden Filmmaterial von den großen Demonstrationen gegen die Regierung in den Nachrichtenaustausch zu geben. Denn die Spitzen von TVE wollten ihr Land nicht schlecht darstellen lassen und lieferten nur das absolute Minimum an Material. So waren die EBU-Mitglieder entweder auf die eigenen Korrespondent:innen oder die Agenturen vor Ort angewiesen, die ausführliches Material zu den Protesten liefern konnten. Ähnlich sind die Zustände in vielen Sendern des EBU-Verbands, besonders bei denen, die nicht durch eine Rundfunkgebühr direkt von den Nutzenden finanziert werden, sondern Mittel aus dem Staatshaushalt erhalten. Sie sind von wechselnden Regierungen abhängig, die jeweils wieder ihre eigenen Gefolgsleute installieren, die sich kaum einarbeiten können, bevor sie beim nächsten Regierungswechsel wieder aus den Ämtern entfernt werden. Hohe Posten in den staatsnahen Sendern gelten eben auch oftmals als Belohnung für treue Parteigänger:innen. Am Beispiel der italienischen RAI oder vieler Staatsmedien in den südosteuropäischen Ländern, aber auch in Ungarn oder Polen wird die Absurdität bei den ständig wechselnden Regierungen besonders deutlich. Wichtige Entscheidungen können nicht getroffen, Investitionen nicht getätigt werden, weil immer gerade wieder ein Führungswechsel stattfindet.

Schlimmer noch wirkt sich die von den heimischen Zuschauer:innen deutlich empfundene Parteilichkeit und fehlende journalistische Unabhängigkeit allerdings bei dem Vertrauensverlust aus, den diese Medien besonders im Nachrichtenbereich hinnehmen müssen. Viele Nachrichtensendungen dieser EBU-Mitglieder werden als nicht vertrauenswürdig angesehen. Die Einschaltquoten dümpeln auf niedrigem Niveau, weit hinter der privaten Konkurrenz, die mit einer Mischung aus „Sex, Crime and Rock'n'Roll" ein sehr viel größeres Publikum bindet und als glaubwürdiger gilt. Ein Paradebeispiel für eine durch wechselnde Regierungen unglaubwürdig gewordene, da parteiische, Berichterstattung ist das polnische Fernsehen *Telewizja Polska* (TVP). Mit dem Wahlsieg der PiS-Partei 2015 wurde das Mediengesetz in zweieinhalb Tagen geändert, die Spitzenpositionen des Senders neu besetzt und mit neuem Personal auch die Nachrichtenredaktion auf Parteilinie gebracht. Die Organisation *Reporter ohne Grenzen* bezeichnete das Programm danach als ein „Instrument der Propaganda"[30]. Alle fünf Fernsehprogramme der staatlichen TVP kamen schon 2016 nur auf 30 % Einschaltquote. Nach dem Wahlsieg von Donald Tusk 2023 wurde das Ganze rückabgewickelt, die Chefs des polnischen Fernsehens, Radios und der staatlichen Nachrichtenagentur entlassen, der Nachrichtenkanal TVP Info für zwei Wochen abgeschaltet und eine komplett neue Hauptnachrichtensendung mit neuer Redaktion etabliert.

---

[30] Nienhuysen (28.12.2023).

2.3 Zu große Staatsnähe behindert den Bilderaustausch

Die beschriebene Staatsnähe vieler EBU-Sender beeinflusst damit natürlich auch die Qualität der EBU-Nachrichtenaustausches. Kritische journalistische Recherchen zu Missständen sind von diesen Sendern für die *Eurovision News Exchanges* nicht zu erwarten – weil sie diese kaum produzieren und deshalb auch nicht in den Austausch abgeben können. Dies alles ist kein Einzelfall: je staatsnäher ein EBU-Sender ist, umso größer ist die Wahrscheinlichkeit, dass diese Sender lange Stücke über eine Eröffnung des neuen Kulturzentrums durch den Präsidenten oder die Einweihung eines neuen Autobahnabschnitts durch die Premierministerin in den Nachrichtenaustausch einspeisen. Berichte über die Folgen von Arbeitslosigkeit, Proteste gegen die Regierung, Demonstrationen mit schweren Polizeieinsätzen oder wirtschaftliche Schwierigkeiten dagegen werden diese EBU-Mitglieder den anderen kaum zur Verfügung stellen. Natürlich trifft dies nicht auf alle 69 Sender im Verbund zu. Die staatsferneren, öffentlich-rechtlich verfassten Sender versorgen die *Eurovision News Exchanges* auch mit Nachrichtenfilmen, die sich kritisch mit der Regierungspolitik auseinandersetzen. Auf diese Weise sind sie eine wertvolle Quelle und ein Spiegel ihrer Gesellschaft für die anderen Sender. Sie beliefern die EBU schnell und umfassend mit Reaktionen der Regierung und der Opposition. Hinzu kommt, dass die Kameras der EBU-Mitgliedssender in vielen Ländern die Einzigen sind, die schnell vor Ort sind oder überhaupt Bilder anbieten können – weil sich eine Berichterstattung für die kommerziell aufgestellten Agenturen nicht lohnt. Doch die ursprüngliche Idee, dass die EBU ein alternatives Netzwerk zu den Agenturen sein könnte und ihren Mitgliedern umfassendes Material aus allen diesen Ländern zur Verfügung stellen könnte, ist durch die politisch gefärbte Einseitigkeit der Berichterstattung der staatsnahen Sender nur noch eingeschränkt zu verwirklichen. Umso wichtiger ist und bleibt es deshalb, in möglichst vielen Ländern mit eigenen Korrespondent:innen vertreten zu sein, um ein Mindestmaß an journalistischer Qualität bei der Berichterstattung sicherzustellen.

Die Bilder der Korrespondent:innen und Reporter:innen 3

Bundespressekonferenz in Berlin, Bundeskanzler Olaf Scholz gibt seine traditionelle Sommerpressekonferenz. Etliche Journalist:innen sind im Raum, Dutzende von Kameras sind auf das Podium gerichtet, von dem Scholz seine Antworten auf die Journalistenfragen gibt. Die von den Kamerateams dort aufgenommenen Bilder werden wie selbstverständlich in den Zusammenfassungen der abendlichen Fernsehnachrichtensendungen auftauchen.

So wie in diesem Beispiel schicken die Fernsehsender ihre Reporterinnen und Reporter oft vor Ort, um Bilder von Protesten gegen einen Autobahnbau, Überschwemmungen, einer Parlamentssitzung oder eben einer Pressekonferenz zu drehen. Im Inland sind die heimischen Kamerateams eine wichtige Quelle von Bildern, die dann für die Nachrichtenfilme in Regionalmagazinen oder den nationalen Nachrichtensendungen wie *Tagesschau*, *heute* oder *RTL Aktuell* zusammengeschnitten und mit einem Text versehen werden.

Gerade für die Bildproduktion der ARD spielen die unter ihrem Dach zusammengeschlossenen neun Landesrundfunkanstalten eine wichtige Rolle: auch in kleineren Städten verfügen die Sender nämlich über jeweils eigene Teams, die auch dort noch Bilder einfangen können, wo es sich für die nach Profitlogik agierenden internationalen Bildnachrichtenagenturen nicht lohnt (siehe Kap. 2).

Die lokalen Reporter:innen kennen die regionalen Themen und Konflikte, wissen von Demonstrationen oder politischen Entwicklungen und thematisieren diese für die Nachrichtensendungen. Sie schaffen damit Akzeptanz und Identifikation vor Ort. Die festen oder oft auch freien Teams stellen damit eine wichtige Quelle für die Nachrichtenbilder dar.

© Der/die Autor(en), exklusiv lizenziert an Springer Fachmedien Wiesbaden GmbH, ein Teil von Springer Nature 2024
M. Liefke, M. Wegener, *Hinter den Nachrichtenbildern*,
https://doi.org/10.1007/978-3-658-43467-0_3

3.1 Die Auslandskorrespondent:innen

Während die Inlandsreporter:innen also viel Bildmaterial für die Nachrichtensendungen selbst produzieren, ist dies bei den Kolleg:innen, die aus dem Ausland berichten, oftmals komplett anders. Mit inzwischen 27 Büros rund um die Welt hat z. B. die ARD eine größere Anzahl von Reporter:innen, die aus dem Ausland berichten als viele andere Sender. Trotzdem sind die Berichtsgebiete riesig. Allein das ARD-Studio in Singapur ist für die Berichterstattung aus 15 Ländern von Neuseeland über Kambodscha bis nach Tonga verantwortlich. Um aus Sydney zu berichten, müssten die Kamerafrauen und -männer der ARD über siebeneinhalb Stunden und 6000 km anreisen, um dort die aktuellen Bilder drehen zu können.

Das sieht bei den meisten Auslandskorrespondent:innen genauso aus: Das Studio in Neu Delhi hat die Aufgabe, aus acht sehr unterschiedlichen Ländern zu berichten, von den Malediven über Bangladesch bis Pakistan und Afghanistan. Bevor ein eigenes Team aus Neu Delhi im afghanischen Kandahar eintreffen würde, um über einen aktuellen Anschlag zu berichten, wären die Abendnachrichten längst vorbei, selbst ein Bericht am nächsten Tag wäre eher unwahrscheinlich.

3.2 Struktur der Korrespondenten-Arbeit

So machen sich die Korrespondent:innen nur sehr selten auf, um vor Ort über aktuelle Vorkommnisse zu berichten. Da muss das Ereignis schon so groß und so nachrichtenwürdig sein, dass eine Berichterstattung mehrere Tage darüber erwartet wird. Dies gilt zum Beispiel für Flutkatastrophen in Pakistan, die Folgen eines schweren Erdbebens oder eines politischen Umsturzes in Sri Lanka. Oliver Mayer, ARD-Korrespondent in Neu-Delhi, schätzt die Arbeit folgendermaßen ein:

> „Insgesamt macht die Aktualität in normalen Jahren etwa die Hälfte der Berichterstattung aus. Bei Ereignissen wie den Überschwemmungen in Pakistan oder der Machtübernahme der Taliban in Afghanistan auch sehr viel mehr, eher 70 %."[1]

Zwischen der Planungsredaktion bei ARD-Aktuell und den Auslandsstudios wird sehr genau abgewogen, ob sich der finanzielle und logistische Aufwand lohnt, ein Team aus dem Studio Neu Delhi zusammenzustellen, ein Visum für alle zu beantragen, Flugtickets zu buchen und einen Fahrer vor Ort zu finden, der die Ge-

---

[1] Gespräch mit dem ARD-Korrespondenten Oliver Mayer am 04.10.2022.

3.2 Struktur der Korrespondenten-Arbeit

gebenheiten kennt und das Team sicher und schnell in das Berichtsgebiet fahren kann. Denn Sicherheitsaspekte vor Ort sind ein schlagendes Argument, manchmal lieber nicht mit einem Team an den Ort des Geschehens zu reisen.

Erst nach vielen Umwegen und beschwerlichen Reisen über Land aus Pakistan erreichte z. B. die ARD-Korrespondentin im Sommer 2021 Kabul und konnte über die Machtübernahme der Taliban berichten. Die Schwierigkeit, überhaupt eine Dreherlaubnis zu bekommen, und die Sorgen um die eigene Sicherheit schränkten die Berichtsmöglichkeiten etwa vom Flughafen massiv ein. Auch das Überspielen der Reportagen und Live-Schalten gestaltete sich aufgrund des hohen Sicherheitsrisikos extrem schwierig.

Trotzdem entschied der für das Studio Neu-Delhi zuständige Sender,[2] immer wieder neue Kolleginnen und Kollegen zu entsenden. Auch gab es den Auftrag nicht nur für die Nachrichten Berichte zu machen, sondern auch für das Morgen- oder Mittagsmagazin zu schalten, einen längeren Bericht für den Weltspiegel oder sogar eine Reportage zu drehen. Verschiedene Sendungen konnten finanziell zusammenlegen, um sich einen durch Sicherheit und Versorgungslage teuren Aufenthalt vor Ort gemeinsam zu leisten.

Bei vielen Sendern läuft dabei nichts ohne die so genannten Produktionsnummern. Auf diese werden alle Ausgaben gebucht, die im Rahmen der Beitragserstellung anfallen. Zu jeder Produktionsnummer gibt es eine verantwortliche Kostenstelle, bspw. die auftraggebende Redaktion, welche ein fixes Budget zur Verfügung hat, um Jahr für Jahr die nötigen Inhalte zu produzieren. Entsprechend wichtig kann es sein, weiteren Kostenstellenverantwortlichen eine Berichterstattung schmackhaft zu machen, um die nicht selten immensen Ausgaben zu teilen. Gleiches gilt für *Übernahmen* also der Verwendung von (Bild-)Material, das bereits in anderen Sendungen gezeigt wurde und entsprechend günstig zur Verfügung steht. So kann es vorkommen, dass bestimmte Sequenzen oder ganze Beiträge in anderen Sendungen zweitverwertet werden. Für manche Sendungen – gerade bei Gemeinschaftsprojekten wie 3sat, bei dem ARD und ZDF sowie das österreichische ORF und das schweizerische SRF zusammenarbeiten, gibt es sogar Mindestquoten für Übernahmen, welche die Redaktionen einhalten sollten. Die der Folge kommt es wiederum zu einer Präsentation der immer gleichen Bilder.

---

[2] Die Auslandsstudios der ARD werden von den einzelnen Landesrundfunkanstalten betrieben: so verantwortet der MDR z. B. das Studio in Neu-Delhi und Prag, größere ARD-Sender verantworten und finanzieren mehrere Auslandsstudios. Der WDR z. B. betreibt die Studios in Washington, New York, Brüssel, Moskau, Paris, Nairobi und neuerdings auch Kiew.

3.3 Die Doppelrolle der Korrespondent:innen

Im Rahmen der Produktion, aber insbesondere auch der Verteilung und Publikation von Bildern nehmen Korrespondent:innen eine Schlüsselposition ein. Um sie besser zu verstehen, soll deshalb zunächst auf die grundsätzlichen Herausforderungen der Auslandsberichterstattung hingewiesen werden, wie sie ein ZDF-Korrespondent für den Nahen Osten in einem Gespräch beschrieben hat. Unser Bild dieser konfliktreichen Region entsteht nämlich nicht in den engen Gassen der Jerusalemer Altstadt, in der Tourist:innen und Gläubige aus der ganzen Welt aufeinander treffen und auch nicht in der Westbank oder vor der Knesset, dem israelischen Parlament. Unser Bild entsteht vielmehr in einem mehrstöckigen Bürogebäude mit verspiegelter Glasfassade in einem Außenbezirk von Tel Aviv.

Dort befinden sich nicht nur die Nahost-Büros des ZDF und der ARD, sondern auch jene zahlreicher anderer internationaler Medien. Die Aufgabe, welche die Korrespondent:innen dabei zu erfüllen haben, ist stets dieselbe. Zum einen sind sie Anwälte ihrer Regionen und wollen dafür sorgen, dass das heimische Publikum überhaupt etwas von den Ländern des eigenen Zuständigkeitsbereiches zu Gesicht bekommt. Zum anderen schauen sie mit der spezifischen Brille ihres Herkunftslandes auf ihr Berichtsgebiet und müssen sich fragen, wie beispielsweise Zuschauer:innen in Deutschland ein bestimmtes Problem, etwa der Siedlungsbau oder die Justizreform verständlich gemacht werden kann und wie bestimmte Bilder verstanden werden.

Zu all dem kommt hinzu, dass Auslandskorrespondent:innen auch auf eine gute Kooperation mit ihren Gastländern angewiesen sind, um aktuelle Informationen und Akkreditierungen zu erhalten. Gerade in politisch brisanten Zeiten schaut so manche ausländische Behörde sehr genau auf die internationale Berichterstattung und beklagt sich mitunter heftig über das scheinbar unausgewogene Bild, das angeblich von ihrem Land gezeichnet wird.

Insgesamt werden die Korrespondent:innen oftmals als der Schatz der Sender angesehen: sie kennen sich vor Ort aus, können Ereignisse einordnen und Zusammenhänge herstellen. Die Aufgabe des Korrespondent:innen ist so, sich eine Übersicht über das von außen gelieferte Bildmaterial zu verschaffen und es einzuordnen, zu kontextualisieren. Mit der Erfahrung über die Situation in den Ländern des Berichtsgebiets kann Relevantes von Irrelevanten unterschieden und bewertet werden, ob die Entwicklung nur innenpolitisch bedeutsam ist oder tatsächlich eine wichtige Änderung in der Politik eines Landes darstellt, die auch für die Zuschauer:innen in Deutschland berichtenswert erscheint. Auch für die Verifikation von Bildmaterial spielt die Präsenz im Berichterstattungsgebiet eine wichtige Rolle. Ist diese nicht möglich kann dies durchaus zum Problem werden.

Im Rahmen der Berichterstattung zum Ukraine-Krieg etwa zeigten die Feeds von *APTN* und *Reuters* Bilder eines Angriffes auf einen Marktplatz in der Donezk-Region, die auch für einen Beitrag in deutschen Nachrichtensendungen verwendet wurden. Der dazugehörige Text erklärte, die ukrainischen Streitkräfte seien zunehmend machtlos gegen die massiven Angriffe der russischen Armee. Im *Dopesheet* zu den Bildern hieß es allerdings, dass die ukrainische Seite Raketen auf einen Marktplatz im russisch besetzten Donezk gefeuert hatte. Weder die Autorin des Beitrages, die für das Berichtgebiet Ukraine zuständig ist, noch die verantwortliche Redaktion bemerkten diesen Fehler. Wäre die Autorin wie üblich in einem Studio vor Ort gewesen, wäre mit größter Wahrscheinlichkeit schon dem Cutter aufgefallen, dass die wehklagende Frau nicht auf Ukrainisch, sondern auf Russisch geschimpft hatte. Diese lokalen Kenntnisse der Orte, Sprache und Kultur sind ein wichtiges Argument dafür, dass die Korrespondent:innen vor Ort diese Beiträge machen – auch wenn sie, wie so oft, aus Agenturmaterial bestehen.

3.4 Stringer

Eine zentrale Rolle für die größeren Sender weltweit spielen die sogenannten *Stringer*. Da die öffentlich-rechtlichen Sender trotz ihres großen Netzwerkes aus Kostengründen nur wenig eigenes Personal im Auslandseinsatz haben, sind die Studios regelmäßig auf die Zusammenarbeit mit lokalen Kameraleuten, Videoeditoren und so genannten *Stringern* angewiesen, die mit ihren teils exzellenten Verbindungen auch aus entlegenen Regionen berichten können und das Netzwerk der etablierten Sender erweitern.

In den meisten Ländern, aus denen zum Beispiel das Studio Neu-Delhi Bericht erstatten muss, hat die ARD eigene lokale Mitarbeitende, die manchmal exklusiv, oft aber auch für mehrere Sender arbeiten. Sie sind gut ausgebildet, sprechen Englisch und sind im eigenen Land gut vernetzt. Ohne dass der Kameramann das Studio in Delhi verlassen hat, können Stringer Rohmaterial vor Ort drehen, das dann in die Berichte der Korrespondent:innen im weit entfernten Studio einfließt. Während die Bundeswehr zum Beispiel in Afghanistan stationiert war, gab es immer einen Stringer vor Ort, der dort Material drehen konnte. Die Korrespondentin gibt dann schon mal konkrete Drehwünsche und Fragen, die der Stringer vor Ort drehen kann und per *File Transfer*, einer internetbasierten Datenübertragung, ins Studio überspielt. Dank neuester Technologie erfolgt dieser Versand inzwischen in weniger als Echtzeit. Die eigenen Kameraleute in Delhi werden daher nur ganz selten für die aktuelle Berichterstattung eingesetzt (z. B. bei einem Besuch des Bundeskanzlers). Sie arbeiten eher für längere Formate wie Dokumentationen, *Weltspiegel*, die *Tagesthemen*, das *Auslands-* oder *heute-Journal*.

3.5 Agenturmaterial bestimmt den Bilderalltag

Die Aktualität wird also zu einem großen Teil mit Agenturmaterial bestritten und unterliegt somit den bereits beschriebenen Beschränkungen. Dieses Material wird ggf. durch *User-generated Content* ergänzt. In der täglichen Arbeit verlassen Kameramann und Reporterin somit sehr viel seltener als gemeinhin vermutet das Studio, um einen Bericht für die abendlichen Nachrichten fertigzustellen.

In den Auslandsstudios wird dazu sehr genau das Material beobachtet, das die großen Nachrichtenagenturen anliefern. Von deren Website werden einzelne Filme heruntergeladen und zum Teil auch archiviert. Vielleicht braucht man eines Tages noch die Aufnahmen des Stromausfalls in Bangladesch, auch wenn es für die heutigen Nachrichten nicht zu einem Bericht wurde.

Aber natürlich spielen auch lokale Anbieter eine große Rolle, die noch viel stärker vernetzt sind. Im Studio Neu-Delhi zählt dazu beispielsweise die Agentur *Asian News International* (ANI), die nicht nur Reuters mit dem größten Teil des Materials aus Indien beliefert, sondern auch die ARD. Sie arbeiten ganz ähnlich wie die oben beschriebenen Agenturen, mit eigenen Kameras vor Ort und der Möglichkeit, lokales Material von kleineren Partnern aufzukaufen und zu vermarkten. Im Gegensatz zu den weltweit größten Agenturen muss bei diesen kleinen Anbietern auch kein monatliches oder jährliches Abonnement abgeschlossen werden. Einzelne Videos können gekauft und dann für die eigene Berichterstattung verwendet werden.

Fast in jedem Land gibt es solche lokalen Agenturen, die jeweils Marktführer in ihrem Gebiet sind und die relevanten Bilder auch an die ARD, das ZDF oder RTL verkaufen. In Afghanistan betreibt z. B. das Ariana Television Network einen eigenen Sender und ist in vielen Provinzen des Landes vertreten. Über ihre Website bieten sie allerdings Kunden rund um die Welt ebenfalls ihre Bilder zum Kauf an, sodass auch die internationalen Sender über ein Ereignis im Land berichten können. Wird die Geschichte wichtig genug, kaufen manchmal auch die großen internationalen Nachrichtenagenturen Material kleinerer Agenturen auf und bieten es den eigenen Kunden in ihrem Feed an.

Weit weniger wichtig ist das Material der *Asiavision*, dem Zusammenschluss von 27 überwiegend staatlichen Rundfunkanstalten aus 24 asiatischen Ländern, die jährlich rund 15.000 Beiträge untereinander austauschen. Ähnlich wie bei der oben beschriebenen Eurovision ist hier die Staatsnähe der Sender noch größer, weshalb die Beiträge als Alternative zum Agenturmaterial kaum relevant sind.

3.6 Pool-Material

Neben den Agenturfeeds spielt für die Korrespondent:innen und Reporter:innen Material eine große Rolle, das von Institutionen und Organisationen selbst erstellt wurde. An vielen Orten ist es schlicht zu eng oder aus Sicherheitsgründen verboten, dass hunderte Kameras von verschiedenen Sendern an diesem Ort filmen. Stattdessen entscheidet der Hausherr oder die Institution, nur eine zentrale Kamera zuzulassen, die für alle das Bildmaterial erstellt und allen Sendern kostenlos, manchmal auch gegen eine Gebühr, zur Verfügung stellt. Dieses Material wird als Pool-Material bezeichnet: eine Kamera nimmt die Bilder der Staatschef:innen bei einem G20- oder NATO-Treffen auf und verteilt sie an alle interessierten Sender. (Abb. 3.1)

Abb. 3.1 Pressekonferenz im Bundeswirtschaftsministerium. (Quelle: Mirco Liefke)

Solche Pool-Situationen, kommen häufiger vor als gedacht, oft aus praktischen Gründen: Bei einem Besuch eines deutschen Kanzlers beim US-Präsidenten wollen etliche Sender darüber berichten, doch es ist unmöglich, alle 50 oder 100 davon live vor Ort zu haben. Und so gibt es für alle Fernsehredaktionen nur die gleichen Poolbilder aus der einen Kamera und alle Berichte über den Besuch nutzen diese Bilder. Dass diese dann irgendwie alle gleich aussehen, ist also kein Wunder. Nur eine Kamera hat sie aufgenommen.

Was für den Washington-Besuch des Kanzlers gilt, gilt für ganz viele Situationen im In- und Ausland. Es bedarf etlicher organisatorischer Vorbereitungen und Absprachen, um von einer Brückensprengung, der Sitzung eines Parlaments oder Ausschusses, von Demonstrationen oder Naturkatastrophen die passenden Bilder zu erhalten und das erfordert eine genaue Vorplanung. Doch manche Ereignisse, die Nachrichtensendungen auf besondere Weise prägen und welche die gesellschaftliche Bedeutung dieser Formate sichtbar machen, entziehen sich auf charakteristisch Weise einer Planung im bereits beschriebenen Sinne. Wir haben schon oben gesehen, dass Poolbilder den Agenturen helfen, ihre eigenen Kosten zu senken – und den Institutionen, dass nur genau die gewünschten Bilder an die Öffentlichkeit herausdrängen, die sie auch zeigen wollen. So üben diese Institutionen einen großen Einfluss auf die Berichterstattung aus und schränken die Arbeit der Korrespondent:innen bei aller Erleichterung massiv ein.

Unvorstellbar etwa, dass bei der Krönung von King Charles III im Mai 2023 jeder einzelne Sender seine Kamera in der Westminster Abbey positioniert hätte – bei tausenden Sendern, die dieses Ereignis übertragen wollten. Im Auftrag des britischen Königshauses installierte der britische öffentlich-rechtliche Sender BBC etliche Kameras in der Kirche, um die Krönung aus allen Winkeln zeigen zu können. Drei Tage vor dem Ereignis wurde der gesamte Ablauf mit Charles und Camilla bereits geprobt. Für alle Korrespondent:innen vor Ort und weltweit gab es demnach nur genau ein einziges Livebild aus der Kirche, das sie für ihre Berichterstattung verwenden durfte.

Dieses *Poolbild* unterlag auch Restriktionen, u. a. dass es nur im nachrichtlichen Kontext und z. B. nicht für Satiresendungen zu nutzen sei. Noch umfangreicher waren die Einschränkungen für das Poolbild von der Beerdigung Queen Elizabeths II. So durften die Korrespondent:innen nicht das Live-Bild auswerten – weil der Palast befürchtete, Mitglieder der königlichen Familien könnten in ihrer Trauer ein unpassendes Bild abgeben. Erst nach der Zeremonie wurde ein Zusammenschnitt des *Poolmaterials* freigegeben, der die Szenen enthielt, die vom Königshaus gutgeheißen wurden – wiederum eine starke Einschränkung der Arbeit der Reporter:innen.

3.7 Institutionen stellen Nachrichtenbilder selbst her

Solcherlei inhaltliche Restriktionen eines *Poolbildes* sind jedoch eher die Ausnahme: in der Regel können die Sender auf das Material ungehindert zugreifen. Auch die Studios in Brüssel greifen ausgiebig auf Poolbilder zurück, die kostenlos z. B. von der Europäischen Union oder der NATO erstellt und verteilt werden. An den Eingängen zum EU-Ratsgebäude und in den Pressekonferenz-Sälen sind feste Kameras installiert, welche die Poolbilder der ankommenden Regierungschef:innen und deren Statements per Direktleitung an die Sender und Agenturen weiterleiten.

Im Auslandsstudio wird das Pool-Material aufgezeichnet, das die Kommission über ihren audiovisuellen Arm *Europe by Satellite* kostenlos an alle Interessierten verteilt. Der Vorteil: die hauseigenen Kameras der EU-Kommission haben oft die besten Standorte bei den Ankünften der Staats- und Regierungschefs z. B. bei den EU-Gipfeltreffen oder sind gar die einzigen Poolkameras, die in den Saal der Sitzungsteilnehmenden dürfen, um die sogenannten „Tour-de-table-Bilder" zu drehen. Auf diese ist jede Korrespondentin für ihren abendlichen Beitrag aber angewiesen, wenn sie in gewohnter Weise berichten will. Zusätzlich sind aber die eigenen Kamerafrauen und -männer von ARD und ZDF unterwegs, um exklusive Interviews mit den besonders für das deutsche Publikum interessanten Politiker:innen zu machen, dann möglichst gleich auch auf Deutsch, sodass eine aufwendige Übersetzung für den Beitrag entfällt.

Über die Jahre hat die EU mit ihrem audiovisuellen Service so eine Infrastruktur geschaffen, um Demokratie medial fassbar zu machen. Die Kameras der europäischen Kommission sorgen für die sogenannten Beleg-O-Töne, die Politiker:innen genauso wie Medien benötigen. Diese Statements fassen in der Regel den Kern einer politischen Entscheidung derart zusammen, dass sie sich für die Integration in einen entsprechenden Beitrag geradezu anbieten und sich leicht integrieren lassen. Gleichzeitig stellt *Europe by Satellite* auch jede Menge Themen- und Belegbilder kostenlos zur Verfügung. Fischfang auf der Nordsee, Landwirtschaft in Italien, Kohleabbau in Deutschland – auch diese kostenlosen *Pool-Bilder* sollen die unter Zeitdruck stehenden Reporter:innen entlasten – und die EU-Kommission in ein richtiges Licht rücken. Den Weg, eigene Bilder für die Medien zu produzieren, sind neben der EU inzwischen etliche andere Institutionen gegangen: wie selbstverständlich produziert der Internationale Strafgerichtshof für das ehemalige Jugoslawien (ICTY) in Den Haag eigene Live-Bilder von den Verhandlungen. Umstrittene Szenen, wie bei der Verurteilung des serbischen Generals Praljak (siehe Abschn. 5.3.2.3), konnten in den Redaktionen mitverfolgt werden, weil das Tribunal sie live um die Welt streamte. Selbst der Vatikan hat seit 1983 mit der *Vatican Media* einen Medienarm, der

Generalaudienzen oder Reisen des Papstes live überträgt. Gleiches gilt auch für Greenpeace, die heute eigene Kameraleute beauftragt, um Videos von Aktionen gegen japanische Walfischfänger oder das Töten von Robbenbabies zu machen. Diese *Video News Releases* werden von den Bildnachrichtenagenturen gerne weiterverbreitet und von den Medien für ihre Berichterstattung genutzt – die heimische Redaktion muss dafür nicht verlassen werden.

In der Konsequenz entsteht eine sich selbst verstärkende Dynamik. Organisationen wie Greenpeace aber auch Regierungen und Unternehmen haben ein Interesse daran, das eigene Image in der Öffentlichkeit zu kontrollieren. Statt unabhängig und mit eigener Kamera berichtende Journalist:innen zuzulassen, übernehmen Regierungen, Unternehmen und NGOs die Versorgung der Journalist:innen mit den Bildern selbst – natürlich kostenfrei. Dieses Vorgehen kommt den Agenturen aber auch den Sendern gleich in doppelter Hinsicht entgegen, indem es personelle Ressourcen schont und den allgegenwärtigen Zeitdruck mindert. Aber gleichzeitig schränkt es die Rolle der Reporter:innen und Korrespondent:innen stark ein. Sie alle werden in ihrer aktuellen Berichterstattung mehr und mehr abhängig vom Material der Agenturen, Pool- Lieferanten und Staatsagenturen. Sie drehen immer seltener selbst und bauen auch die entsprechende Infrastruktur nach und nach ab. In der Konsequenz gleichen sich die Bilder in den Nachrichtensendungen immer mehr.

3.8   Staatsagenturen: Ruptly, CCTV

Kriegs-Fernsehen live aus dem südchinesischen Meer: auf einer Fregatte der chinesischen Marine ist eine Kamera aufgebaut, die live filmt, wie das Schiff in der Formosastraße vor Taiwan durch die Wellen gleitet. Mit schussbereiten Kanonen im Vordergrund, sollten sie auf ein taiwanesisches Patrouillenboot treffen. Während der jüngsten politischen Krise zwischen China und Taiwan liefen diese Bilder über alle internationalen Bildnachrichtenagenturen. Oben und unten verraten chinesische Schriftzeichen den Urheber des Signals: das Yuyuan Tan Tian – nach eigenen Angaben „a social media outlet affiliated with state broadcaster CCTV", also dem chinesischen Central China Television.[3]

---

[3] Es ist natürlich nur ein Zufall, dass die Abkürzung für das chinesische Staatsfernsehen CCTV im Englischen gemeinhin als „closed circuit television", also „Überwachungskamera" übersetzt wird. Dennoch wurde der Name inzwischen zu CGTV (China Global Television) geändert.

3.8 Staatsagenturen: Ruptly, CCTV

Während Agenturen kommerziellen Logiken folgen und das Bildmaterial der EBU-Sender oft von politischen Interessen beeinflusst wird, sind in den vergangenen Jahren immer mehr staatliche Agenturen entstanden, welche die Flut an kostenlosen Bildern für die Korrespondent:innen noch vergrößern. Zu den Bekanntesten zählen das bereits erwähnte chinesische *CGTV*, *Press TV* im Iran oder *teleSUR* aus Venezuela.

Im Gegensatz zu teurem Agenturmaterial oder restriktiven Poolbildern sind hier die Nutzungsbedingungen überraschend lasch: laut begleitendem redaktionellen Text darf das Material aus dem südchinesischen Meer von allen Sendern auf allen Plattformen ohne jegliche Einschränkung genutzt werden. Denn hier geht es nicht um unabhängige journalistische Bilder, sondern um Staatspropaganda Im dazugehörigen Begleittext heißt es dann etwa, das Video:

„[…] may include government video press releases, multi-media material published by other state authorities and their public representatives, political parties and politicians."

Mit anderen Worten: hier wird Staatspropaganda verbreitet, um die eigene Nation in einem guten Licht darzustellen oder die eigene Sichtweise auf die politische Lage zu verkünden – natürlich mit Hilfe von Bildern.

Welche Rolle solche Bilder für die Imagepolitik eines Landes spielen, wird auch am Beispiel von *Russia Today* deutlich. Zu diesem staatlichen russischen Sender gehört u. a. *Ruptly*, eine 2013 gegründete internationale Video-Agentur mit Sitz in Berlin. Auf ihrer Webseite können Journalist:innen Videomaterial herunterladen, das eine Alternative zum Videoangebot der westlichen Bildnachrichtenagenturen darstellen soll, gerichtet an Sender in aller Welt. Dazu gehören fast alle Pressekonferenzen, Reisen und Treffen des russischen Präsidenten, die Korrespondent:innen woanders nicht mehr finden können und auf die sie häufig für ihre Berichterstattung angewiesen sind – so auch ARD und ZDF.

Auch aus Deutschland verbreitet *Ruptly* Bilder für seine Kunden weltweit über seine Webseite. So ließ sich zeitweise dort z. B. Bewegtbild von Auseinandersetzungen zwischen Polizist:innen und Hausbesetzer:innen in Berlin-Friedrichshain finden. Die eher kleinen, rituellen Proteste von ca. 15 Menschen wurden mit Zoom so gefilmt und geschnitten, dass sie nach heftigen Angriffen aussahen. In dem begleitenden redaktionellen Text wurde das Video dann aber unter dem Titel „Berlin anti-government protest" skandalisierend als Proteste gegen die Regierung unter der Führung der damaligen Bundeskanzlerin Angela Merkel eingeordnet.

3.9 Komplexe Berichterstattung: planbare Ereignisse dominieren

Noch ein weiterer Aspekt bestimmt die Arbeit der Korrespondent:innen und der hängt mit dem hohen Grad der Komplexität und daraus resultierenden notwendigen Vorplanung von Fernsehberichterstattung zusammen. Am Beispiel eines Staatsbesuches wird das deutlich.

Fallbeispiel Staatsbesuch in Washington
Die Berichterstattung über den Besuch des Bundeskanzlers in Washington wird von einer Reihe organisatorischer Faktoren bestimmt, die den Alltag des Journalist:innen stark einschränken. Mit großem Aufwand muss recherchiert werden, wann das Flugzeug eintrifft, wann der Kanzler den amerikanischen Präsidenten treffen wird und ob das eigene Kamerateam vor Ort akkreditiert werden kann, wenn es im Oval Office den ‚Handshake' gibt. Aus Sicherheitsgründen wird sich der US-amerikanische Secret Service aber vielleicht entscheiden, nur eine einzige Kamera eines US-amerikanischen Senders zuzulassen. Dieser wird dann verpflichtet, das Bildmaterial mit allen anderen interessierten Fernsehsendern zu teilen.

All das muss gut vorbereitet sein. Am Flughafen müssen die Kameras stationiert werden, man braucht eine Drehgenehmigung, es muss ein Ort gefunden werden, wo man ein eventuelles Interview drehen oder zumindest noch ein Statement für die Hauptnachrichtensendung abzufangen kann. Dazu müssen Kamerateams und Reporter:innen disponiert werden. Möglicherweise wird sogar ein eigener Übertragungswagen benötigt, der ein Interview ins Washingtoner Studio oder sogar direkt nach Deutschland senden kann. Dazu wiederum braucht es Satellitenzeiten, die gebucht werden müssen. Dies ist immer dann erforderlich, wenn eine mobile Datenübertragung etwa über eine Internetverbindung nicht möglich ist oder diese aufgrund eines besonders großen Medieninteresses potenziell überlastet und damit störanfällig ist. In solchen Fällen – etwa bei den Olympischen Spielen oder an entlegenen Orten – können Mitgliedssender über die EBU eigene Zeitfenster für eine Satellitenverbindung beantragen und einrichten lassen.

3.10 Fazit: Korrespondent:innen

Oft sind also auch die Korrespondent:innen auf das Material der Bildnachrichtenagenturen, Poolbilder, institutionelle Bilder oder Staatsagenturen angewiesen. Korrespondent:innen selbst ordnen ein, die Bilder machen oft andere. Für die aktuelle

3.10 Fazit: Korrespondent:innen

Berichterstattung aus dem Ausland spielen die Auslandskorrespondent:innen dennoch eine große Rolle: ihre gute Vernetzung und die Kenntnisse der politischen Lage vor Ort helfen ihnen, Entwicklungen in ihrem Berichtsgebiet für die Zuschauer:innen fassbar und nachvollziehbar zu machen. Sie tragen mit ihren Berichten dazu bei, Informationen über politische Prozesse im Ausland in die deutsche Gesellschaft zu tragen und ermöglichen es den Rezipient:innen, einen Vergleich mit den Entwicklungen in Deutschland ziehen zu können. Gerade für den später beschrieben redaktionellen Prozess sind die eigenen Korepondent:innen der Sender unentbehrlich und tragen als wichtiges Korrektiv dazu bei, Fehler in der Berichterstattung aufzuspüren und zu verhindern.

UGC: Die Bilder aus dem Netz und ihre Authentizität

4

Waren vor 15 Jahren die Korrespondent:innen und die Bildnachrichtenagenturen noch die einzigen Bildquellen für die Redaktionen, hat sich die Situation seit den 2010er-Jahren fundamental verändert. Milliarden von Smartphone-Nutzern mit Handykameras und die Möglichkeit, Material auf digitalen Plattformen in Sekundenschnelle weltweit zu verbreiten, stellen Redaktionen vor neue Herausforderungen. Einerseits kann es so gelingen, neue Perspektiven zu integrieren und in vormals wenig beleuchtete Winkel der Welt zu blicken. Gleichzeitig wird es aufwendiger, das Material zu verifizieren und seinen Entstehungskontext nachzuvollziehen. Ignorieren können Nachrichtenredaktionen die Fülle zusätzlicher Bilder heutzutage nicht mehr, sie sind Teil der Lebenswirklichkeit vieler Menschen und prägen die öffentliche Debatte. Um ihrer Gatewatcher-Rolle gerecht zu werden, müssen Nachrichtenredaktionen also einen Umgang mit dieser (neuen) Bildquelle finden.

Fallbeispiel Winnenden
11. März 2009. Am späten Vormittag liefen die ersten Eilmeldungen der Nachrichtenagenturen in den Redaktionen ein: an einer Realschule in Winnenden nordöstlich von Stuttgart soll ein ehemaliger Schüler 15 Schüler:innen und Lehrer:innen erschossen haben, bevor er sich selbst tötete. Schnell machte sich ein Reporter des SWR aus Stuttgart auf den Weg. Als er vor Ort war, hatte er noch kein Kamerateam, das noch etwas länger brauchte, um dort zu sein. Zu diesem Zeitpunkt kursierten bereits etliche Videos von dem Amoklauf auf Twitter und YouTube. Während Reporter:innen und Kamerateam nur hinter der Absperrung der Polizei filmen konnten, waren Videos direkt vom Tatort unmittelbar nach dem Angriff im Netz zu finden.

In der 12-Uhr-Ausgabe der Tagesschau an diesem 11. März war von all dem jedoch nichts zu sehen. Der Moderator konnte nur eine Wortmeldung verlesen, denn der Reporter hatte es nicht pünktlich zurück in den Sender geschafft, um die Bilder zu bearbeiten. Auch ein Ü-Wagen mit einer Live-Übertragungsmöglichkeit war noch nicht vor Ort. Die Mehrheit der Redakteur:innen bei ARD-aktuell in Hamburg und in den meisten anderen Nachrichtenredaktionen wussten 2009 nicht, wie man diese Bilder überhaupt aus dem Netz herunterlädt, um sie auf den Fernsehschirm zu bringen. Ganz zu schweigen davon, wie man prüft, ob sie authentisch sind. Ähnlich war die Lage beim ZDF, bei dem Redakteur:innen erst ab 2014 systematisch im Umgang mit YouTube als Nachrichtenquelle geschult wurden.

4.1 Digitale Plattformen als Bildquellen

Mitte der 2010er-Jahre standen alle Nachrichtenredaktionen immer öfter vor Situationen, in denen plötzlich auf Facebook oder Twitter berichtenswerte Bilder auftauchten, die sie nicht beauftragt hatten, und mehr noch: von deren Existenz sie schlicht nichts wussten. Über die digitalen Plattformen wurden Bilder von Unglücken oder Naturkatastrophen geteilt, die oftmals viel näher dran am Geschehen waren als es ein Kamerateam zwei Stunden später hätte aufnehmen können. Die ersten Bilder von den verheerenden Fluten 2021 im Ahrtal kamen nicht von Kameraleuten oder den Bildnachrichtenagenturen, sondern von Betroffenen des Unglücks, die ihr Handy gezückt und draufgehalten hatten, wacklig und unscharf, mit wilden Schwenks und Zooms, mit entsetzten Kommentaren im Hintergrund. Fast bei jedem Zugunglück, einer Naturkatastrophe oder einer Demonstration entstehen seit Jahren tausende von Fotos und Videos, hochgeladen auf die digitalen Plattformen, und werden zehntausendfach geteilt.[1]

Mit einem Potenzial von fast sechs Milliarden Handybesitzern, haben die Sendeanstalten inzwischen ihr Monopol über Bilder und Videos verloren. Die über Jahrzehnte in den Redaktionen eingeübte Praxis, dass die Bilder entweder über die Bildnachrichtenagenturen oder die eigenen Korrespondent:innen kommen, hat ihre

---

[1] 20 Jahre zuvor hätten solche Bilder es nie in die Tagesschau oder heute-Nachrichten geschafft. Die Redaktionen, genau wie das Publikum, waren an sauber geführte Kameras, langsame Schwenks, gezielte Zooms, kurzum an technisch einwandfreies Material gewöhnt, das von professionellen Kamerateams aufgenommen wurde. Im Schnitt wurde es dann noch so aneinandergereiht, dass es keine Achssprünge oder andere Irritationen gibt. Schließlich wurde das Ganze mit einem einordnenden Text der Reporterin unterlegt, die lange recherchiert und die wesentlichen Fakten zusammengetragen hat. Präsentiert wurde das Ergebnis dann von einer stets um Ruhe und Nüchternheit bemühten Moderatorin, die im Brustton der Überzeugung vortrug, was andere erlebt und berichtet hatten.

Gültigkeit verloren. Plötzlich stand eine neue wichtige Bildquelle zur Verfügung. Eine, die Berichterstattung aus manch einer Konfliktregion erst möglich machte. Im Bürgerkrieg in Syrien ab 2011 hatten weder die eigenen Korrespondent:innen noch die meisten internationalen Nachrichtenagenturen eine Dreh- bzw. Aufenthaltsgenehmigung erhalten. Insofern gab es nur die Bilder des offiziellen syrischen Staatsfernsehens, das eine einseitige Sicht der Dinge präsentierte. Um auch die andere Seite zu zeigen, die ganze Geschichte erzählen zu können und auch das Leid der Betroffenen des Kriegs dokumentieren zu können, war das Material, das Bürger:innen in Syrien aufgenommen hatten, unschätzbar wichtig.

4.2 Der Verifikationsprozess

Um die neuen Bildquellen tatsächlich in den redaktionellen Prozess einspeisen zu können, musste nun zunächst ein neues Auswahlverfahren entwickelt werden, das die Sensibilität der Redaktion nachhaltig veränderte. Da es sich bei diesem *user-generated Content (UGC)* nicht um Material handelt, das von professionellen Journalist:innen oder Kameraleuten gefilmt wurde, sondern von Nutzer:innen, die zufällig gerade vor Ort waren, müssen die Bilder auf ihre Authentizität überprüft werden. Denn im Gegensatz zu den eigenen Korrespondent:innen beziehungsweise den Nachrichtenagenturen, arbeiten User natürlich nicht nach journalistischen Kriterien. Sie laden Material hoch, weil es sie betrifft und sie Zeugen eines Ereignisses werden. Bei ARD-Aktuell durchläuft UGC deshalb seit 2011 einen vierstufigen Verifikationsprozess, der in den folgenden Abschnitten detailliert vorgestellt wird.

1. Redaktionelle Verifikation
2. Verifikation der Quelle
3. Verifikation mit Hilfe von Expertise
4. Technische Verifikation

4.2.1 Redaktionelle Verifikation

In einem ersten Schritt geht es darum, die Fotos und Videos nach den grundlegenden journalistischen „W-Fragen" zu untersuchen: Wo ist das Material aufgenommen worden? Ist es wirklich an dem angegebenen Ort gedreht worden oder ganz woanders? Wann ist es aufgenommen worden? Ist das z. B. im Kurznachrichtendienst Twitter gefundene Material tatsächlich aktuell oder ist es drei, sieben oder noch mehr Jahre alt? Was ist auf dem Material zu sehen? Sind es tatsächlich syrische Panzer, die hier schießen oder vielleicht doch russische?

Wer ist zu sehen, wer spricht da, was sagen die Personen? Wie berichten andere Quellen? Stimmen die Bilder mit Meldungen aus anderen Quellen überein, oder widersprechen sich verschiedene Quellen? Sind das die Bilder die einzigen Belege für einen Drohnenangriff auf eine Stadt oder berichten andere Quellen genauso?

Wie wichtig schon dieser erste Schritt ist, zeigt sich in der redaktionellen Authentizitätsprüfung fast täglich. Denn über die sozialen Netzwerke erreichen die Redaktionen aktuell hochgeladene Videos oder Fotos, die jedoch tatsächlich schon alt sind: sie sind vor vielen Monaten oder Jahren entstanden, bilden also nicht das Ereignis ab, nach dem die Redaktion aktuell sucht. Besonders deutlich wird das bei *Breaking News*, wenn die Redaktion die sozialen Netzwerke nach aktuellen Bildern durchsucht, weil Korrespondent:innen oder Bildagenturen noch keine anbieten können. So geschah es etwa auch beim Absturz der Germanwings-Maschine auf ihrem Flug von Barcelona nach Düsseldorf im März 2015.

Fallbeispiel Germanwings- Absturz
Nachdem die ersten Meldungen der französischen Flugsicherung über Twitter und Nachrichtenagenturen als Eilmeldungen auftauchten, begann in der Redaktion die hektische Suche nach Bildern vom Absturz. Mit einer schnellen Suche über Twitter nach den Begriffen „Germanwings" und „Crash" tauchten schon bald die Bilder eines brennenden Flugzeugwracks auf. Misstrauisch machte allerdings, dass das Flugzeug auf eher ebenem Grund zu liegen schien. Dies widersprach den Meldungen anderer Quellen, die den Absturz in den französischen Alpen verorteten. (Abb. 4.1)

Ein wichtiges Element bei der Verifizierung von Bildmaterial stellt die Bildrückwärtssuche dar: Dabei lädt die verifizierende Redakteurin ein gefundenes Bild auf einer entsprechenden Webseite hoch. In Sekundenschnelle zeigt die Rückwärtssuche an, ob es dieses oder ein ähnliches Bild schon einmal im Internet gegeben hat. Im Beispiel des zunächst gefundenen Bilds bestätigte sich der Verdacht: Es gab etliche Treffer, die zeigten, dass das Foto des brennenden Flugzeugs nicht neu war, sondern ein Flugzeugabsturz von vor etlichen Jahren abbildete.

Das nächste Bild, das wieder mit der Suche nach „Germanwings" und „Crash" auftauchte, erschien passender: ein Flugzeug, in mehrere Teile zerbrochen, in einem waldigen und hügeligen Gelände. Allerdings: ein deutliches Logo der Germanwings z. B. am Heckruder war nicht zu erkennen. Auch schien es unwahrscheinlich, dass es Anwohner oder gar Überlebende gegeben hatte, denen es gelungen wäre, ein solches Foto aus der Halbtotale zu machen und dann hochzuladen. Mitten in den französischen Alpen! Auch hier bestätigte ein Hochladen des Fotos über Google Image Reverse[2] schnell, dass das Bild schon viele Jahre alt war und einen

---
[2] Die Bilderrückwärtssuche von Google.

4.2 Der Verifikationsprozess

Abb. 4.1 Wrack eines abgestürzten Flugzeuges von Atlasjet vom 30.11.2007. (Quelle: AP.)

Flugzeugabsturz in der Türkei zeigte. Die verifizierenden Kolleg:innen konnten Entwarnung an die *CvD* der nächsten Sendung geben. Die *Tagesschau* zeigt dieses Bild dann nicht – anders als andere deutsche Fernsehsender. Dort flimmerte das türkische Flugzeugwrack über die Bildschirme, mit der Behauptung, dies sei die abgestürzte Germanwings Maschine. Wenig später mussten diese Sender das Bild zurücknehmen und sich korrigieren. Außerdem geht es bei der Verifikation nach redaktionellen Kriterien darum herauszufinden, *wo* die fraglichen Bilder entstanden sind. In den Berichten über den syrischen Bürgerkrieg 2011 z. B. war es wichtig zu wissen, ob diese Bilder tatsächlich einen Angriff in Aleppo oder in Homs zeigten. Dies gelang den Redakteur:innen oft über Programme wie Google Maps, da sie fast jeden Ort auf der Erde bis auf Straßenebene genau abbilden.

Bei einer Explosion vor einer Moschee in Homs konnte man sich diese Moschee etwa über Google Maps ansehen: wie sehen die Minarette aus? Ist das wirklich diese oder eine andere Moschee? Wie sehen die Gebäude, die danebenstehen, aus? Wie sieht die Kreuzung vor der Moschee aus? All diese Informationen konnten dann mit dem aktuellen Material abgeglichen werden. Kann das wirklich der Ort sein, von dem auch die aktuellen Bilder der Explosion stammen? Hier geht es, wie schon oben beschrieben, nicht um endgültige Beweise, sondern um das Sammeln von Indizien. Indizien, die für die Authentizität oder Nicht-Authentizität der Bilder sprechen: Es entspricht einer kleinteiligen Detektivarbeit, die hier Stück für Stück durchgeführt wird.

4.2.2 Verifikation der Quelle

In einem zweiten Schritt geht es darum, mehr über die Person herauszufinden, welche die Bilder auf den digitalen Plattformen hochgeladen hat. Im Gegensatz zu den bekannten eigenen Korrespondent:innen oder den Bildnachrichtenagenturen, mit denen die Redaktion bereits lange zusammenarbeitet, gilt es zu überprüfen, wie glaubwürdig der Urheber der Bilder erscheint: Wo befindet sich der Urheber des Posts? Wie verhält er sich in den sozialen Netzwerken? Wie häufig postet er etwas? Zu welchen Themen? Wie viele Follower hat er? Was sagen die Kommentare unter dem Post über die Vertrauenswürdigkeit der Person aus? Ist sie der Redaktion schon bekannt, hat man schon mal mit ihr zusammengearbeitet?

Fallbeispiel Ludwigshafen/BASF
Im Oktober 2016 kam es beim Chemiefabrikanten BASF in Ludwigshafen zu einer Explosion. Die ersten Bilder stammten von einem Urheber, der nicht weit vom Unglücksort wohnte. Er hatte sie auf seinem Account hochgeladen, der schon jahrelang existierte und ihn klar als Ludwigshafener auswies. Kein endgültiger Beweis, aber ein klares Indiz, dass die Redaktion den Urheber als glaubwürdig einschätzen und dieses Video authentisch sein könnte. Denn von seinem Balkon aus konnte er das Betriebsgelände einsehen und die Aufnahmen machen. Über YouTube kontaktierte die Redaktion den Urheber, fragte ihn, wo er wohne. So konnten sie überprüfen, ob man von dort aus wirklich das Handyvideo gemacht haben konnte. Der direkte Kontakt zum Urheber ist ein regelmäßiges Vorgehen, das im Verifikationsprozess zumindest versucht wird, um weitere Fragen stellen zu können: ist das Material wirklich von heute, dort sieht es doch ganz dunkel aus, oder ist das nicht eher von gestern? Oft geschieht es ja unabsichtlich, dass Privatpersonen Material hochladen, aber mit falschen Ortsnamen oder Daten versehen. Schließlich sind sie keine Journalist:innen. Die Überprüfung des Materials auf Authentizität muss deshalb von den Redaktionen selbst vorgenommen werden.

Der Kontakt zum Urheber der Bilder ist aber noch aus einem weiteren Grund heraus wichtig, denn für die Verwendung in den Nachrichten ist seine Freigabe erforderlich. Im Gegensatz zu landläufigen Meinungen, jeder könne Fotos aus sozialen Medien einfach herunterladen und dann für seine eigenen Zwecke verwenden oder gar in einer Nachrichtensendung veröffentlichen, ist das deutsche Medienrecht dort eindeutig: es bedarf der Zustimmung des Urhebers.

4.2.3 Verifikation mit Hilfe von Expertise

Im dritten Schritt des Verifikationsprozesses gilt es, die gewonnenen Erkenntnisse aus dem ersten und zweiten Schritt noch einmal zu überprüfen. Hierbei sollen folgende Fragen beantwortet werden: Können die Expert:innen den angeblichen Ort des Videos bestätigen? Können sie bestätigen, dass es sich um aktuelles Material handelt oder kennen sie das Material schon aus früheren Veröffentlichungen? Können sie mehr Hintergründe zu den Szenen im Video geben (z. B. welcher Typ Panzer dort fährt)? Können die Expert:innen übersetzen, was in dem Video gesprochen wird oder auf Spruchbändern zu lesen ist? Wie schätzen sie die Vertrauenswürdigkeit der Quelle ein?

Auch die Kolleg:innen aus den Auslandsstudios verfügen über genau diese Expertise, da sie sich häufig sehr gut in ‚ihrer' Region auskennen, die jeweilige Sprache sprechen und übersetzen können (siehe Kap. 3). Mit großer Wahrscheinlichkeit war kaum einer der Redakteur:innen aus der Zentralredaktion bislang im syrischen Homs oder Aleppo. Aber die Producer:innen aus dem Auslandsstudio kennen diese Städte oft aus eigener Anschauung und können die bisher gewonnenen Indizien nochmals bestätigen oder erneut Zweifel säen. Es kommen aber auch noch andere Personengruppen in Frage, etwa Mitarbeitende von Goethe-Instituten oder von NGOs. Auch sie verfügen über die nötigen Sprachkenntnisse, kennen die Region und können behilflich sein.

Zu den Expert:innen zählen natürlich auch diejenigen, die sich bei anderen öffentlich-rechtlichen Sendern mit demselben Thema beschäftigen. Denn die Bilder aus Syrien, aus der Ukraine, nach einem Dammbruch oder einer Lawinenkatastrophe brauchen alle Sender. Warum etwas aufwändig verifizieren, wenn ein anderer Sender dies schon getan hat? Die Kriterien für die Authentizitätsprüfung waren und sind bei allen öffentlich-rechtlichen Sendern in Europa ziemlich ähnlich. Und auf relevante, verifizierte Bilder sind diese Sender alle grundsätzlich angewiesen, weshalb sie in diesem Sinne nicht miteinander konkurrieren, sondern sich wechselseitig unterstützen.

4.2.3.1 Internationale Kooperation

Auf Initiative der ARD baute die Eurovision seit 2014 den Bereich *Eurovision Social Newswire* auf. Die Kolleg:innen sitzen direkt neben denen, die den Nachrichtenaustausch organisieren (siehe Abschn. 2.4.3). Rund um die Uhr durchsuchen sie das Netz nach interessanten Fotos und Videos, die von Nutzer:innen hochgeladen wurden. Zwischen 50–70 Videos werden hier pro Tag gefunden, heruntergeladen, überprüft und die Rechte für alle geklärt. Bevor ARD, BBC oder France Télévision überhaupt begonnen haben zu suchen, gibt es oft schon von der EBU einen Hinweis auf bestimmte Bilder. Diese sind auf Authentizität geprüft,

Ort und Zeit stimmen, der Urheber ist bekannt und hat den Mitgliedern der Eurovision erlaubt, diese Bilder auch zu senden. Damit ist diese Kooperation ein gutes Beispiel, wie Ressourcen durch internationale Kooperation geschont werden können. Denn im Zweifelsfall verfügen die Kolleg:innen in den Mitgliedssendern genau über jene Expertise, welche die Kolleg:innen in Genf benötigen.

Im oben genannten Fallbeispiel aus Ludwigshafen etwa waren die Kolleg:innen von ARD-Aktuell schnell und hatten die ersten aktuellen Videos vom Brand bei BASF gefunden, verifiziert und mit dem User gesprochen, der die Bilder hochgeladen hatte. Der Verifikationsprozess konnte bestätigen, dass die Bilder authentisch sind und dass sie alle anderen öffentlich-rechtlichen Sender nutzen konnten. Die verifizierten Bilder werden im Fall von *Breaking News* dann Teil des bereits erwähnten Austausches von Nachrichtenbildern oder können über eine eigene Seite von jedem interessierten Mitgliedssender für den eigenen Gebrauch heruntergeladen werden.

Der Abgleich mit Expert:innen als drittem Schritt bei der Authentizitätsprüfung kann sogar über Europa hinausgehen. Hier spielte zwischen 2015 und 2022 *Firstdraft News* eine wichtige Rolle, ein Zusammenschluss von Medienunternehmen, von der *Washington Post* über *CNN* bis zu *Google* und *Facebook*. Besonders anlässlich der Wahlen in Deutschland, Frankreich und England, aber auch in der Corona-Pandemie bot es seinen Mitgliedern die Möglichkeit, sich zu vernetzen und Rechercheergebnisse abzugleichen. Allein im ersten Quartal 2021 hatte *Firstdraft News* in über 50 Veranstaltungen mehr als 6000 Journalist:innen bei der Verifikation von Bildmaterial und dem Enttarnen von Fake News weitergebildet.

4.2.4 Technische Verifikation

Nach den ersten drei Schritten der Verifikation von UGC sind bereits eine Menge Indizien zusammengetragen worden. Im Regelfall ergibt sich also schon ein recht klares Bild, ob ein Video oder Foto als authentisch angesehen und für die eigenen Ausspielwege genutzt werden kann. Es gibt aber in einem vierten Schritt auch noch die Möglichkeit zu untersuchen, ob ein Foto mit technischen Hilfsmitteln manipuliert wurde.

Folgende Fragen prägen diesen letzten Verifikationsschritt, in welchem vor allem die so genannten Metadaten des Materials einer Prüfung unterzogen werden. Wann sind Bilder aufgenommen worden? Sind sie aktuell oder wurden sie schon vor Monaten oder gar Jahren aufgenommen? Wurden Bilder nachträglich bearbeitet? Wurden Fotos mit der angegebenen Kamera aufgenommen? Wurden die Metadaten bearbeitet oder oberflächlich gelöscht?

4.2 Der Verifikationsprozess

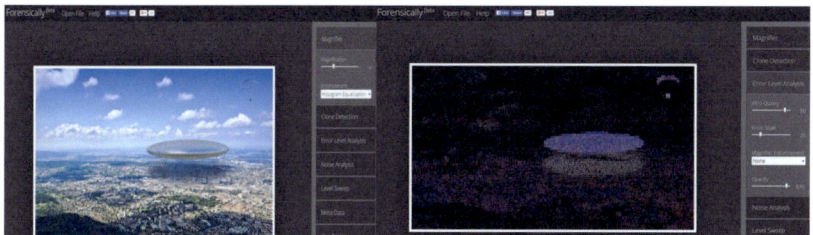

Abb. 4.2 Screenshots des Programms Forensically (exemplarisch). (Quelle: Forensically)

Mit Programmen wie etwa dem *Image Error Analyzer* oder *Forensically* kann herausgefunden werden, ob in ein Foto nachträglich etwas eingefügt oder retuschiert wurde. Nach dem Hochladen des Fotos erscheinen dann eventuell nachträglich eingefügte Strukturen leicht rosa oder bläulich und heben sich vom Rest ab. Gleiches gilt, wenn Bildbestandteile entfernt wurden. Auch dies lässt sich mit diesen Programmen sichtbar machen. (Abb. 4.2)

Alle Programme, die bei der Verifikation von ARD-Aktuell genutzt werden, sind sogenannte *OSINT*-Programme (Open Source Intelligence). Sie stehen jedem interessierten User kostenfrei im Internet zur Verfügung. Besonders hilfreich ist in diesem Zusammenhang sicherlich das Programm *InVid*, das die *Deutsche Welle*[3] für die Verifikation von Bildmaterial entwickelt hat. In dieser Chrome Extension Anwendung werden verschiedene Programme wie die Bilder-Rückwärtssuche oder das Auslesen von Metadaten in einem Programm gebündelt. Man kann Videos also in einzelne Fotos zerlegen und sich gleichzeitig die Metadaten auslesen lassen. In Sekundenschnelle fasst *InVid* verschiedenen Arbeitsschritte zusammen und erspart den Kolleg:innen immer wieder einzelne neue Programme aufzurufen.

Entscheidend ist aber – wie bei allen Programmen – die Fragestellung der Journalist:innen, denn Verifikation ist eine Detektivarbeit: Welche auffälligen Merkmale kann man aus den Bildern herauslesen, passen die Indizien zusammen oder gibt es Ungereimtheiten? Wichtig dabei ist, sich nie zu früh zufrieden zu geben. Zu schnell zu sagen: ja, das ist so, auch wenn man alle entscheidenden Schritte noch nicht getan hat. Und natürlich gilt, immer misstrauisch zu bleiben: Wenn eine Autobahn überflutet ist, und in dem Bild plötzlich ein Hai auftaucht, der jetzt über die Schnellstraße schwimmt, gilt: *If it is too good to be true, it probably isn't true.*

---

[3] Die Deutsche Welle ist der Auslandsrundfunk der Bundesrepublik Deutschland und als eigenständige Anstalt des öffentlichen Rechts Teil der ARD.

Fallbeispiel Kramatorsk

Mai 2014, Kramatorsk in der Ukraine. Die Nachrichtenagenturen melden heftige Kämpfe westlich des internationalen Flughafens der Stadt. Prorussische Separatisten und ukrainische Regierungstruppen kämpfen um die Macht im Osten des Landes. Seit Tagen ist das Thema Aufmacher in der *Tagesschau*. Doch es ist nicht leicht, darüber zu berichten. Internationale Korrespondent:innen und die Bildnachrichtenagenturen haben es schwer, an die Frontlinie zu kommen, zu filmen, was geschieht, und davon zu berichten. Zu gefährlich ist die Lage, und beide Konfliktparteien scheuen unabhängige Medien vor Ort.

So taucht an diesem Vormittag plötzlich ein Video auf, das von einer „Miss Djili" stammen soll und in kyrillischen Buchstaben den Titel „Kramatorsk!" trägt.[4] Zuerst findet es ein ukrainischer Journalist, der es re-tweeted und so auch in die Timeline der Korrespondent:innen vor Ort spült. Außerdem taucht es weltweit in den Redaktionen der Nachrichtensender auf, die an diesem Tag vom Krieg in der Ukraine berichten wollen.

Es sind verwackelte Bilder, aber wenn man das Video abspielt, sieht man Wohnblocks und ein kleines Haus im Vordergrund. Ganz hinten im Bild ist der Flughafen zu erahnen. Und davor immer wieder heftige Explosionen. Ja, das könnten sie sein, die Kämpfe, von denen die Presseagenturen geschrieben haben. Aber sind sie wirklich aus Kramatorsk? Und wirklich von heute? Und zeigen die Kämpfe? Kann man der Urheberin trauen oder ist es ein Propanada-Video der einen oder anderen Seite?

Das Video macht einen Schwenk nach rechts. Plötzlich taucht eine Art großes Gerüst auf, mit einem Tank oben drauf. Sicherlich 20, 25 m hoch. Ein Wasserturm, eine sehr markante Struktur. Ob das helfen kann zu bestimmen, ob die Bilder wirklich aus Kramatorsk stammen? (Abb. 4.3)

Während die Producer des Teams vor Ort recherchieren, läuft auch in Hamburg bei ARD-Aktuell der Computer heiß. Denn die Aufgabe der Kolleg:innen in der Zentrale ist nichts weniger als zu bestätigen, dass diese Bilder wirklich aus der ostukrainischen Stadt stammen und das aktuelle Geschehen abbilden. Nur dann ließen sie sich für den Bericht in der Sendung nutzen.

Der zuständige Redakteur wechselt in Google Maps und sucht Kramatorsk. Mit ein paar Klicks lässt sich die Stadt finden und in das Zentrum zoomen. Was er jetzt sucht, ist der Flughafen. Und nicht weit entfernt davon einen Wasserturm. Wie viele dieser Wassertürme gibt es vor Ort? Gibt es dort wirklich einen, der nicht weit vom Flughafen entfernt steht?

---

[4] Abrufbar unter: https://www.youtube.com/watch?v=cc9Kh-OL4sQ. Stand: 05.03.2024.

4.2 Der Verifikationsprozess

Abb. 4.3 Screenshot des fraglichen Videos von „Miss Djili". (Quelle: YouTube.)

Gibt es. Das Ergebnis ist überraschend. Auf der Earth-Ansicht ist der Wasserturm aus der Luft klar zu erkennen. Er wirft sogar einen Schatten, von rechts nach links unten. Das Bild muss also an einem sonnigen Vormittag aufgenommen worden sein. Und nicht weit entfernt davon, leicht östlich, der Flughafen. Bingo, das passt. In der Tat könnte das Video aus Kramatorsk stammen. Doch das reicht noch nicht als Beweis.

Zurück zum Video. Im Vordergrund der Aufnahme, noch vor dem Wasserturm und den Kämpfen im Hintergrund, sind mehrere große Wohnblocks zu sehen. Typisch post-sozialistische Art, etwas heruntergekommen. Und daneben eine einzeln stehende Villa, mit einer Mauer drum herum. Besonders auffällig, weil sie die Villa fast quadratisch umgibt. Und genau dies lässt sich auf Google Maps finden. Wenn man eine Linie vom Flughafen zum Wasserturm zieht, müsste es 10, 15 cm auf der Karte nach Westen diese Villa geben. Gibt es dort irgendwo diese Wohnblocks? Natürlich viele. Aber mit einer Villa daneben? Umgeben von einer quadratischen Mauer? In der Tat: gibt es! Links die Wohnblocks, daneben die Villa und die Mauer. Der erste Schritt ist gemacht. Mit großer Wahrscheinlichkeit kann bestätigt werden, dass dieses Video tatsächlich aus Kramatorsk stammt.

Auch eine Bilderrückwärtssuche zeigte keine Übereinstimmungen mit früheren Bildern. Kein 100 %iger Beweis, aber ein deutliches Indiz dafür, dass es sich um neue, aktuelle Bilder handeln musste. Um mehr zu erfahren, müssen die verifizierenden Redakteur:innen an die Urheberin heran – an Miss Djili. Nur sie kann die Fragen zur Entstehung des Videos beantworten und schließlich ein OK geben, die Bilder auch senden zu dürfen.

Ihr Twitter-Profil gibt wenig Anlass zur Sorge. Miss Djili stammte eindeutig aus der Stadt, hatte schon mehrere Posts verfasst, die alle aus der Gegend stammten, alle sind auf Russisch. An diesem Punkt hätten die Redakteur:innen sie schon anschreiben können, um zu fragen, ob sie die Aufnahmen gemacht habe und der Sender sie nutzen dürfe. Doch die Redaktion wollte noch mehr über die Urheberin des Videos wissen, um ihre Glaubwürdigkeit besser einschätzen zu können. Dabei nutzten sie das Instrument der *Kreuzrecherche*. Oft verwenden User denselben Namen auf verschiedenen Plattformen und so war es auch hier. Miss Djili hatte ebenfalls einen Account auf YouTube. Dort hatte sie sogar sämtliche Details zu ihrer Person hinterlegt: ihren echten Namen, ihren Beruf, Anzahl und Namen ihrer Kinder, ihre E-Mail-Adresse und sogar ihre echte Wohnadresse in Kramatorsk.

Wechsel zurück zu Google Maps: „Kramatorski Boulevard" hatte sie angegeben. Und tatsächlich: sie wohnt in einem der Wohnblocks, die im Vordergrund auch auf dem Video zu sehen sind. Gleich davor steht die Villa mit Mauer. Und in einer geraden Linie dahinter dann der Wasserturm und ganz entfernt der Flughafen. Es gibt jetzt also keine Zweifel, dass sie es gewesen ist, die die Aufnahmen tatsächlich gemacht hat und so von ihrem Balkon aus dokumentiert hatte, was in ihrer Stadt vor sich geht. Jetzt bleibt den Redakteur:innen nur noch, sie selbst zu kontaktieren und um die Nutzungserlaubnis für ihr Video zu bitten. Über ihr YouTube-Profil wird die Filmerin mit Hilfe eines Übersetzungsprogramms angeschrieben. Kurz darauf bestätigt sie, dass sie das Video an diesem Vormittag aufgenommen hatte und gab das OK, es zu senden.

Viereinhalb Stunden hatten diese Recherchen insgesamt gedauert. Viereinhalb Stunden, in denen die *CvD* der Sendung immer wieder fragten, ob die Bilder denn echt seien, ob man sie verwenden könne. Viereinhalb Stunden, in denen die verifizierenden Kolleg:innen sagten: diese Indizien sprechen schon dafür, diese noch nicht. Und das Ergebnis nach einem halben Arbeitstag: der Bericht der Korrespondentin aus Kramatorsk konnten die Bilder verwenden und sich sicher sein, dass sie tatsächlich authentisch waren.

4.3 Die Grenzen der Verifikation

Die Überprüfung der Bilder auf ihre Authentizität kostet Zeit. Während die Verifikation des Aufnahmedatums und des Ortes oft dank der einfachen Programme relativ schnell geht, ist es schwieriger, die Quelle auf ihre Glaubwürdigkeit zu über-

4.3 Die Grenzen der Verifikation

prüfen. Bevor Redaktionen ein Video im Netz finden, ist es meist schon viele Male geteilt worden. Mühsamen müssen die Redakteur:innen dann von der Kopie zum Originalvideo finden. Denn erst wenn der Urheber eines Videos gefunden wird, kann dieser auf seine Vertrauenswürdigkeiten untersucht und schließlich kontaktiert werden. Dabei können Fehler unterlaufen, wenn es noch eine frühere Variante des Videos gibt und der wirkliche, originäre Produzent des Materials nicht gefunden wird.

Die Verifikation gleicht dabei einem *Indizienprozess*, in dem immer neue Puzzleteile eines Bildes zusammengetragen werden. Sind bei einem vertrauten Thema wie dem Krieg in Syrien oder der Ukraine die Expert:innen schon bekannt, mit deren Hilfe einzelne Fragen zum Video beantwortet werden, geht die Verifikation schnell. Fehlen diese, wenn es um eine weniger bekannte Region oder eine Naturkatastrophe in einem Land geht, für das man noch kein Expert:innennetzwerk hat, dauert es länger. Bilder aus Syrien, aus Homs oder Aleppo, sind auch deshalb einfach zu verifizieren, weil viele der User bereits bekannt sind und regelmäßig Bilder hochladen. Die Überprüfung der Vertrauenswürdigkeit entfällt dann, was die Schnelligkeit des Prozesses beschleunigt. Wenn es allerdings Fotos aus einer Region oder zu einem Thema gibt, wo die Redaktion noch nie mit der Quelle zusammengearbeitet hat, dann wird es sehr viel schwieriger, und es dauert länger.

Noch schwieriger wird die Verifikation, wenn die Redaktion mit Hilfe von künstlicher Intelligenz erstellten Bildern oder Videos konfrontiert wird. Das Foto vom Papst, der sehr untypisch in eine modische weiße Daunenjacke gehüllt war, zeigte über eine Bildrückwärtssuche keine Auffälligkeiten – es war tatsächlich aktuell und von diesem Tag. Auch die technische Verifikation zeigte, dass das Bild nicht manipuliert war. Es wurde stattdessen von vornherein künstlich erstellt. Ebenso war es mit dem Video einer angeblich betrunkenen Nancy Pelosi oder eines Olaf Scholz, dessen Neujahrsansprache so verändert wurde, dass er plötzlich ein Verbot der AfD forderte. Beides sogenannte *Deep Fakes*, die millionenfach im Netz geteilt wurden und die mit den herkömmlichen Mitteln nicht mehr entlarvt werden können.

Hierfür braucht es neue Programme, welche die technischen Muster erkennen, mit denen solche *Deep Fakes* hergestellt wurden. Jedes dieser mit künstlicher Intelligenz erstellten Fotos oder Videos hinterlässt bei der Produktion nämlich technische Spuren, die neue Programme wie *AI or not* oder *Hive* sichtbar machen können. Trotzdem hängen Nachrichtenredaktionen hier bei der Verifikation hinterher. Erst Monate nachdem neue und immer kostengünstigere Deep-Fake-Technologien auf den Markt kommen, werden auch die Programme angeboten, die diese entschlüsseln können. Eine andere inzwischen immer wieder diskutierte

Möglichkeit im Umgang mit KI liegt darin, nicht länger künstlich geschaffene Bilder zu entlarven, sondern tatsächlich authentische Aufnahmen zu zertifizieren, sodass alle nicht zertifizierten Bildern zunächst grundsätzlich als manipuliert oder gefälscht gelten.

Hilfreich ist neben dem oben skizzierten Workflow allein eine kritische journalistische Grundhaltung, die nicht alles Gesehene für bare Münze nimmt, die Behauptungen der Videos mit anderen Meldungen vergleicht und eine Grunderkenntnis bei der Authentizitätsprüfung immer im Kopf behält: wenn es einfach zu sehr passt, zu gut aussieht – dann sollte man besondere Vorsicht walten lassen. Diesen Abwägungsprozess nimmt einem keine Software der Welt ab, denn genau dafür braucht man eine Redaktion.

Die redaktionelle Arbeit mit den Bildern 5

Will man die Aufgabe der Redaktion und deren Bedeutung für den Prozess der Nachrichtenherstellung verstehen, lohnt zunächst ein Blick in die Geschichte. Der Zuschnitt der redaktionellen Tätigkeit änderte sich nämlich immer auch in Auseinandersetzung mit der technischen Entwicklung zur Herstellung, Übermittlung und Speicherung von Bildmaterial. Was Redaktionen heute leisten müssen, ist zu einem Gutteil das Ergebnis dieser Entwicklung, die immer wieder neue Anforderungen an die Redaktion stellte, ihre Kompetenz und Autorität erweiterte, manche Aspekte ihrer Arbeit vereinfachte und dafür neue Probleme schuf, für die es Lösungen zu finden galt und noch immer gilt, wie gerade am Beispiel der mit Hilfe von KI erstellten Bilder zu sehen war.

5.1 Vom knappen Gut zum redaktionellen Umgang mit der Bilderflut

Als die Tagesschau 1952 als Nachfolger der Wochenschau begann, spielten die Bilder eine immens große Rolle. Nachrichten ohne Bilder gab es zu dieser Zeit im Fernsehen nicht, die Sendungen waren zunächst nichts anderes als eine Aneinanderreihung von Bewegtbildern. Und diese Bilder waren ein rares Gut, mühsam per Flugzeug in großen Filmrollen transportiert.

Beim Norddeutschen Rundfunk in Hamburg, wo die Tagesschau auch heute noch produziert wird, gab es demzufolge zunächst nur eine reine Filmredaktion. Diese stellte die Bilder zusammen und ließ einen *Off-Sprecher* dazu einen Text verlesen. Die Bilder hatten die Oberhand: ihre Verfügbarkeit bestimmte, über was berichtet werden konnte und über was nicht. An Aktualität im heutigen Sinne war nicht zu denken und so handelte der allererste Bericht der *Tagesschau* am 26. Dezember 1952 von einer Reise des US-Präsidenten Dwight D. Eisenhower nach Korea, die bereits vom 2. bis 5. Dezember stattgefunden hatte. Die Bilder hatten schlicht so lange bis in den ehemaligen Weltkriegsbunker auf dem Heiligengeistfeld in St. Pauli gebraucht, wo die Tagesschau dreimal die Woche (montags, mittwochs und freitags) produziert wurde.

Auch als das Bildmaterial nicht mehr mühsam eingeflogen werden musste, sondern per Satellitenverbindung zur Verfügung gestellt wurde, änderte sich die Vormachtstellung der Bilder nicht grundlegend, denn sie blieben weiterhin ein knappes und damit ein limitierendes Gut. Als die ARD an den Bildertausch der EBU angeschlossen wurde, lief nur einmal am Tag um 17 Uhr das Material der Eurovision ein.[1] „Es herrschte eine gewisse Übersichtlichkeit, die Materialmenge war überschaubar",[2] so erinnert sich ein langjähriger Chef vom Dienst bei der Tagesschau. Liefen die EBU-Bilder in der Redaktion ein, stellte ein Student sicher, dass das Filmmaterial zur richtigen Zeit aufgenommen wurde, während ein Redakteur schon beim Überspielen einordnete, was zu den Meldungen des Tages passte, um später im Schnitt mit dem Cutter daraus einen Film zu machen. Erst in den sechziger Jahren änderte sich dies. Nachdem man sowohl auf Seiten der Redaktion wie auf Seiten des Publikums Erfahrung mit den allabendlichen Nachrichten gesammelt und Vertrauen in die stellvertretende Zeugenschaft des Fernsehjournalismus aufgebaut hatte, konnte man den nächsten Schritt wagen.

Bestimmten die Bilder bis zu diesem Zeitpunkt, was sagbar war, indem sie quasi den augenscheinlichen Beweis für die Richtigkeit des Berichtes lieferten, wollte man nun auch über Ereignisse informieren, für die keine Bilder zur Verfügung standen. Das Vertrauen in die Bilder wurde zum Teil abgelöst durch das Vertrauen in einen Nachrichtensprecher, der als *Anchor* (dt. Anker) jenen Halt bot, den bisher allein Bilder geliefert hatten. So wurde etwa Karl-Heinz Köpcke der erste Chefsprecher der Tagesschau, der auch reine Textnachrichten vorlesen konnte, egal ob es Bilder gab oder nicht.

---

[1] Zu diesem Zweck wurde ein eigener U-matic-Raum beim NDR eingerichtet. Mit Hilfe dieser aus Japan stammenden Technologie war es erstmals möglich, filmunabhängig Videomaterial zu sichern. Reporter:innen vor Ort konnten so mit „kleinen" Handkameras Ereignisse dokumentieren. Die Zentralredaktionen der Sender nutzten dieses neue Speichermedium, um Vorräte aus Bildmaterial aus den eigenen Studios, der Eurovision und den Bildagenturen anzulegen, aus denen sie im weiteren Verlauf ihre Beiträge bauen konnten.

[2] Interview mit Andreas Hummelmeier, CvD der Tagesschau, am 14.01.2022.

5.1 Vom knappen Gut zum redaktionellen Umgang mit der Bilderflut

Inspiriert durch die seit 1960 obligatorische Wetterberichterstattung wurden Landkarten zu einer bedeutenden ‚Brückentechnologie', die noch heute zum Einsatz kommt, wenn vom tatsächlichen Ort des Geschehens keine Bilder zur Verfügung stehen. Unzählige Male zeigte die Tagesschau in den Jahrzehnten der deutschen Teilung die wie zerrissen wirkende Landkarte mit den beiden deutschen Staaten und den Schriftzügen „Bonn" und „Berlin", die es dem Sprecher im Studio nunmehr erlaubte, Nachrichten über die Beziehungen zwischen der Bundesrepublik und der DDR ganz ohne eigene Bilder oder Videos zu präsentieren.

Dieses Erfolgsrezept machte Schule und so kennt wohl jede Generation von Fernsehzuschauer:innen eine Person, der man die Nachrichten abnimmt, auch wenn sie nicht durch optische Belege gedeckt sind. Der Redaktionsleiter von RTL-Aktuell, Gerhard Kohlenbach, bringt die Einstellung vieler Zuschauer:innen so auf den Punkt:

„[…] ich habe das alles schon gehört, aber ich möchte das von dem Herrn Klöppel [dem ehemaligen Moderator von RTL-Aktuell], den ich seit dreißig Jahren kenne und dem ich vertraue [hören], weil er bei uns ein- und ausgeht im Wohnzimmer, der soll mir nochmal abends sagen, war das wirklich so, ist das wichtig, was bedeutet das für mein Leben, wo geht das hin."[3]

Die mit dieser Akzentverschiebung einhergehende Emanzipation der Redaktion vom Bildmaterial hatte weitreichende Folgen, denn durch sie wurden die Journalist:innen souveräner, übernahmen aber auch mehr und mehr Verantwortung für die unter diesen Umständen ausgewählten Nachrichteninhalte. Die Aufgabe der Redaktion war nun nicht länger auf das Kuratieren des unmittelbar Sichtbaren beschränkt. Mit Hilfe eines über die Bilder gelegten gesprochenen Textes übernahm die Redaktion die Deutungshoheit über das Material, dem sie einen bestimmten Rahmen geben konnte (siehe *framing* Abschn. 1.5.5). Es lag nun in der Hand der Redaktion, die Aufmerksamkeit des Publikums auf bestimmte Aspekte des Sichtbaren zu lenken, Erläuterungen zu ergänzen, die ein (bestimmtes) Verständnis der Bilder ermöglichen oder gar Interpretationen und Kommentare anzubieten.

Während in der Anfangszeit der Fernsehnachrichten also noch die verfügbaren Bilder allein bestimmten, welche Themen zu Nachrichten wurden, hatte sich dieses Prinzip bereits ein Jahrzehnt später umgekehrt. Die Redakteur:innen haben die Meldungen seither immer öfter zumindest im Kopf bereits fertiggestellt. Die immer kurzfristiger vor der Sendung auflaufenden Bilder wurden dann (nur noch) zum Text passend geschnitten. Die Bilder allein waren nicht mehr die Nachricht, sie bebilderten eine Meldung.

---

[3] Kohlenbach (18.01.2018).

In der Folge mussten sich Nachrichten immer weniger am Bild orientieren, was der Redaktion viel größere Spielräume bei der Auswahl von Themen verschaffte. Im Zweifel ließen sich die natürlich noch immer nötigen Bilder schon finden, denn diese sind heutzutage jederzeit und sofort verfügbar. Es muss in der Regel kein teurer Satellit mit begrenzten Kapazitäten mehr gebucht werden, sondern die Bilder können per *File Transfer* zu niedrigsten Preisen sofort überspielt werden. Aus dem Transport per Flugzeug oder der Überspielung einmal am Tag wurde ein nie endender Strom aus Nachrichtenbildern, der konstant in der Redaktion einläuft und den es im redaktionellen Prozess zu bändigen gilt. So laufen allein in der Redaktion der Tagesschau heute täglich zwischen 300–500 Nachrichtenfilme der großen Bildnachrichtenagenturen ein, mal ganz abgesehen von den knapp 20 Live-Kanälen, welche diese Agenturen noch zusätzlich anbieten.

5.2 Aufgabe der Redaktion: Die Koordination der Bilderflut

Angesichts des überbordenden Informationsangebotes drückt sich die Qualität eines Mediums mehr denn je in der Auswahl und Aufbereitung der Nachrichten aus und auf diesem Feld hat die Redaktion einen entscheidenden Vorteil. Denn seit sie sich als eigenständiger journalistischer Apparat zwischen die Beobachtung von Geschehnissen vor Ort und dem Publikation schiebt, liegt genau dort ihre besondere Expertise. Entlastet sowohl von der Dokumentation von Geschehnissen, die nun von den beauftragten Agenturen oder den Korrespondent:innen des eigenen Senders erledigt wird (siehe Kap. 2 und 3), als auch von der Präsentation der Nachrichten im Studio, wird in der Redaktion eine Urteilsfähigkeit professionalisiert, ohne die Nachrichtensendungen, zumal im Fernsehen, undenkbar wären. (Abb. 5.1)

In der Redaktion emanzipiert sich so schon vor langer Zeit die eigentliche journalistische Arbeit – die Herstellung einer Nachricht – von der im Grunde rein schriftstellerischen Darstellung eines Sachverhaltes. Doch das Aufgabenpensum, das zu diesem Zweck abgearbeitet werden muss, verändert und erweitert sich ständig unter dem Eindruck neuer technischer wie inhaltlicher Herausforderungen.[4] Die Redaktion ist dabei nicht nur, wie im Falle des *user-generated Contents,* darauf bedacht, eingehendes Material zu verifizieren (Kap. 4). Vor allem muss sie aus einem über-

---

[4] Mehr zu den Herausforderungen redaktioneller Entscheidungsfindung: Liefke und Mahler (2023); Liefke (2024).

5.2 Aufgabe der Redaktion: Die Koordination der Bilderflut

Abb. 5.1 Newsroom im neuen Nachrichtenhaus ARD-Aktuell. (Quelle: Michael Wegener)

bordenden Angebot täglich eine vernünftige Themenauswahl treffen und jede Meldung so aufarbeiten und ggf. bebildern, dass sie von ihrem Publikum als relevante Nachrichten verstanden werden kann. Dieser Prozess macht ein umfassendes Abwägen erforderlich, in dessen Verlauf es auf kühle Analyse genauso ankommt wie auf das viel zitierte journalistische Bauchgefühl.[5]

Gleichwohl sind viele Fotos, die jeden Tag in den Nachrichten beispielsweise als *Hintersetzer* sehen sind, altbekannte Standardbilder, die immer wieder verwendet werden: die Flamme eines Gasherdes bei Berichten über die steigenden Preise für die Energieversorgung, der Hamburger Hafen, wenn es um Wirtschaftsthemen geht oder die rauchenden Schornsteine als Symbolbild für Umweltbelastungen. Diese Beschränkungen auf die immer gleichen Fotos entlasten zwar die Redaktionen, führen aber auch zu einer gewissen Bilderarmut und Vereinfachung der oftmals komplexen Sachverhalte.

---

[5] Schultz (2007).

5.3 Die drei Limitationen der Redaktion

Die Redaktion ist seit ihrer Entstehung eine bedeutende journalistische Instanz, die ihre Stärke gerade aus der (selbst gewählten) Einschränkung gewinnt. Ursprünglich lag ihre Aufgabe allein im Vorbereiten eines angelieferten Textes für den Druck, was insbesondere bedeutete, die Artikel für die nächste Ausgabe der Zeitung zu korrigieren und ggf. zu kürzen, den Artikel also zu redigieren. Der Wortbedeutung kann entnommen werden, dass die Redaktion dem Umstand Rechnung trägt, dass eingehendes Material nicht ohne weiteres dem Publikum präsentiert werden kann und zunächst „in Ordnung gebracht" werden muss. Diese „Rückführung" auf eine druckfähige Form kann gerade für die Urheber:innen, die Reporter und Korrespondentinnen, problematisch sein, da diese nicht über die nötige Distanz zu ihrem Werk verfügen. Genau diese Distanz wird in der Redaktion kultiviert.

In dem Maße, in dem sich nun im Laufe der Zeit die Formerfordernisse ändern, verändern sich auch die redaktionellen Aufgaben. Ist der Raum zur Veröffentlichung knapp wie in gedruckten Zeitungen oder im linearen Fernsehen, ist die Redaktion insbesondere mit der sorgfältigen Auswahl der Themen befasst. Die beim Fernsehen wiederum aufgrund der spezifischen Formerfordernisse auch noch einer Bebilderung bedürfen.[6] Egal welches Medium am Ende bespielt werden soll, die jeweilige Redaktion ist so stets mit demselben Balanceakt beschäftigt. Ihre Aufgabe ist es nämlich im Wesentlichen, Stabilität und Routine in genau jenen Prozess zu bringen, in dem es täglich um Neues und nicht selten um Unvorhergesehenes geht. Sie müssen sicherstellen, dass die Nachrichten aller Neuigkeit zum Trotz pünktlich zur gewohnten Zeit und in der gewohnten Form auf Sendung gehen.

Redaktionen lösen dieses Problem durch eine dreifache Selektion, die man auch als *Gatekeeping*[7] bezeichnet und welche der redaktionellen Arbeit jeweils charakteristische Limitationen auferlegt. Durch die Tore (Engl.: gates) muss alles hindurch, was später einem Millionenpublikum präsentiert werden kann. Seit die etablierten Massenmedien die Hoheit über den Zugang des Publikums zu Informationen verloren haben, nicht mehr die alleinigen „Schleusenwärter" der Öffentlichkeit sind, ist

---

[6] Demgegenüber steht einer Online-Redaktion grundsätzlich beinahe unbegrenzter Raum zur Verfügung. Sie muss sich weniger darum sorgen, einen Artikel oder ein Video zu kürzen – obwohl dies begünstigt durch die Selektionsmechanismen bestimmter digitaler Plattformen durchaus eine Rolle spielen kann. Ihnen geht es aber viel mehr als den analogen Kolleg:innen um eine auffällige Präsentation der Inhalte, die dazu geeignet ist, die Nachricht aus einem Meer an Informationen hervorstechen zu lassen.

[7] Mehr zur Entstehung und dem Konzept des Gatekeeping siehe unter anderem: Vu (2014); Singer et al. (2011); Shoemaker und Vos (2009); Domingo (2005); Clayman und Reisner (1998); Donges und Jarren (1997); Shoemaker (1991); White (1950); Lippmann (1922).

5.3 Die drei Limitationen der Redaktion

neben diese Funktion des Gatekeeping das *Gatewatching*[8] getreten. Redaktionen müssen also mehr denn je einen Überblick darüber behalten, was auch ohne ihr Zutun die öffentliche Debatte beeinflusst, um auch dies ggf. in den redaktionellen Prozess einzuschleusen.

Auf der *Eingangsstufe* (Abschn. 5.3.1) des redaktionellen Prozesses bestimmt die Redaktion, mit welchen „*raw material*"[9] sie sich überhaupt erst konfrontiert. Im Falle der Fernsehnachrichten besteht der Input fast ausschließlich aus Informationen und Bildern, die sie über die abonnierten Agenturen (Kap. 2) sowie die eigenen Korrespondentinnen und Reporter (Kap. 3) erreichen. In den letzten Jahren gewannen aber auch die digitalen Plattformen als Lieferantinnen von sogenanntem *user-generated Content* (Kap. 4) an Bedeutung. Entscheidend und gleichsam limitierend ist in diesem Zusammenhang, dass die Redaktion ausschließlich mit bereits vorgefertigtem mehr oder minder authentischem Material arbeitet und die jeweilige Sendung gerade nicht unter dem unmittelbaren Eindruck des Geschehens produziert.

Im Rahmen der zweiten Selektion auf der *Durchgangsstufe* (Abschn. 5.3.2), welche die redaktionelle Arbeit im engeren Sinne beschreibt, erlaubt die Distanz zu den Ereignissen den Redakteur:innen eine möglichst unvoreingenommene Beurteilung und Auswahl von Informationen. Sie sind so schlicht besser in der Lage zu entscheiden, worin überhaupt die *Relevanz* der Nachricht besteht und wie diese bestmöglich zum Ausdruck gebracht werden kann. In dieser Selektionsstufe werden Bilder und Meldungen nun eingehender und nach journalistischen Kriterien bewertet, was die Auswahl möglicher Themen weiter eingrenzt. Was ist wirklich neu an einem Bild oder einer Meldung? Was hat sich verändert? Welche Bilder sind so bedeutsam, dass eine Verwendung als zwingend erscheint? Was sagen diese Bilder aus? Reichen die vorhandenen Bilder aus, um einen Sachverhalt erklären zu können oder muss weiteres Material besorgt werden?

Auf der *Ausgangsstufe* (Abschn. 5.3.3) begegnet die Redaktion zwei miteinander zusammenhängenden Einschränkungen, die mit der Präsentation der Nachricht verbunden sind. Hinsichtlich der Fernsehnachrichten ist diese sowohl durch strenge Zeit- und Formerfordernisse als auch durch die Wirkung auf das Publikum begrenzt. Als möglicher Output scheidet so alles aus, was die vorgegebene Sendezeit sprengen würde oder sich schlicht nicht mit den zur Verfügung stehenden Mitteln darstellen lässt. Durchaus vorhandenes Material kann sich aber auch dadurch für eine Präsentation in einer Nachrichtensendung disqualifizieren, dass sein Inhalt als unzumutbar eingeschätzt wird. An dieser Stelle geht es also nicht mehr so sehr um das *Ereignis* selbst oder journalistische *Relevanzkriterien*, sondern um das *Publikum*. Von Interesse bis Abscheu kann die Berichterstattung eine Vielzahl unterschiedlicher Reaktionen hervorrufen, über die sich die Reaktion bei ihrer Auswahl im Klaren sein muss.

---

[8] Siehe dazu unter anderem: Bruns (2005, 2017); Deussen (2015).
[9] Tuchman (1973).

5.3.1 Die Eingangsstufe: Verfügbarkeit und Authentizität

Schauen wir uns jetzt genauer an, wie diese Selektionen in der redaktionellen Arbeit funktionieren. In der oben beschriebenen *Eingangsstufe* geht es also um die Beobachtung und Auswertung des Rohmaterials für die Produktion von Nachrichtensendungen. Um die entscheidende *Authentizität* dieses Materials nicht in jedem Fall von Grund auf zu überprüfen, verlassen sich die Redaktionen überwiegend auf Zulieferungen der etablierten Agenturen, das durch geschulte Kolleg:innen verifizierte Material aus den sozialen Medien (Kap. 4) sowie auf selbstproduzierte Videos. Dennoch räumt ein erfahrener CvD ein:

> „Die Materialmenge hat sich dramatisch verändert. Die Quellen sind unglaublich vielfältig geworden, weniger vertrauenswürdig, weil man nie ganz genau weiß, wo es herkommt."[10]

An diesem ersten Prozessabschnitt sind zwei zentrale Redaktionsbereiche beteiligt: die In- und Auslandsplanung und die Videoredaktion.

5.3.1.1 Planung: Steuerung der In- und Auslandskorrespondent:innen

Da längst nicht alle Nachrichten überraschend und unvorhergesehen sind, spielt zunächst die *Planung* eine tatsächlich entscheidende Rolle. Sie hat bestimmte Ereignisse bereits Monate vor ihrem Stattfinden auf dem Schirm und verfolgt Entwicklungen über längere Zeiträume. Obwohl wir gerade mit Fernsehnachrichten ein besonderes Maß an Aktualität verbinden, stehen laut Schätzungen von Redakteur:innen bis zu 90 % der Themen bereits Tage zuvor fest.[11] Spontanität können sich die Sendungen nur in Ausnahmefällen erlauben – zumindest dieser Umstand ist seit der ersten Tagesschau gleich geblieben.

Grundlage für die Planung sind heutzutage insbesondere die Terminvorschauen der Wortagenturen und die Angebote der In- und Auslandskorrespondent:innen. Gerade wenn über Themen ausführlich, das heißt mit möglichst vielen, eindrücklichen Bildern berichtet werden soll, ist dies unabdingbar. Personal und Technik müssen disponiert, Drehgenehmigungen und Akkreditierungen eingeholt werden. Außerdem sollen möglicherweise aufwendige Grafiken vorproduziert oder Expert:innen interviewt werden. All dies benötigt Zeit.

---

[10] Interview mit Andreas Hummelmeier, CvD der Tagesschau, am 14.01.2022.
[11] ebd.

5.3 Die drei Limitationen der Redaktion

Zentral für diesen Prozess ist die tägliche Abstimmung der Planungsredakteur:innen mit den Korrespondent:innen. In den wöchentlichen Vorplanungskonferenzen schlagen die Reporter:innen im In-und Ausland die Themen aus ihrem Berichtsgebiet für die nächsten sieben Tage vor und stimmen täglich mit der Planung ab, was sich in ihrer Region ereignet und besonders wichtig: zu welchem Thema sie Bildmaterial aus den Agenturen oder von einem Eigendreh erwarten. In den Zentralredaktionen der Fernsehsender laufen zwar alle Fäden zusammen, die konkrete Beitragsproduktion findet aber oftmals in den Studios vor Ort statt. In engem Austausch bieten die Korrespondent:innen bestimmte Inhalte an oder werden von der Redaktion auf das ein oder andere Thema angesetzt.[12] Die ZDF-Studios verfügen beispielsweise häufig über kein eigenes Budget zur oftmals kostspieligen Produktion von Beiträgen. Stattdessen stellen sie Ideen von kurzen Berichten bis hin zu umfangreichen Reportagen auf die interne Plattform *plan.it* und versehen sie mit einem Hinweis zu den zu erwartenden Kosten. Erst wenn die Verantwortlichen einer oder mehrerer Sendungen ein solches Angebot annehmen und damit die anfallenden Kosten übernehmen, werden die Studios aktiv. Somit kann gewährleistet werden, dass kein ‚unnötges' Material produziert wird und Ausgaben stets bestimmten Sendungen zugeordneten werden können.[13] Gleichzeitig schränkt dieses Procedere die Spielräume der Studios ein und führt zu einer Fokussierung auf kostengünstige und/oder massentaugliche Berichtsgegenstände.

Insgesamt muss jedenfalls ständig überprüft werden, ob die Zahl der bestellten Beiträge auch zur Anzahl und Länge der Sendungen passt. Denn zum einen sind Sendezeiten genau geregelt und stehen nur begrenzt zur Verfügung. Zum anderen ist Fernsehen ein technisch wie finanziell sehr aufwändiges Geschäft, sodass es darauf ankommt, Ressourcen sinnvoll und effizient einzusetzen. Einen Bericht zu beauftragen und ihn dann nicht zu senden wird deshalb vermieden. Ein Kamerateam, eine Reporterin, ein Ü-Wagen, Schnitt- und Vertonungskapazitäten würden umsonst gebucht werden und für andere Projekte nicht zur Verfügung stehen.

---

[12] Dabei ist der Grad der Vorbereitung durch die Planungsredaktion von Sender zu Sender durchaus unterschiedlich: während die Tagesschau in Hamburg über eine eigene Planungsredaktion mitsamt CvD verfügt, stehen für alle Ausgaben der heute-Sendung nur eine Inlandsplanerin und ein Auslandsplaner zur Verfügung. Durch den geringeren Ressourcenaufwand bei der Planung, ergibt sich die Notwendigkeit, schneller tagesaktuelles Geschehen mit einzubeziehen, Material einzukaufen oder vorproduzierte Stücke zu verwenden. Letzteres kommt gerade bei RTL-Aktuell immer wieder vor.

[13] Die Informationen stammen aus einem Gespräch mit Elmar Theveßen, Leiter des ZDF-Studios in Washington D.C. am 20.11.2023.

5.3.1.2 Der redaktionelle Matthäus-Effekt

Egal ob *Tagesschau, heute* oder *RTL-Aktuell*, in allen Redaktionen versucht man also Nachrichten zu planen und damit handhabbarer zu machen. Vermieden werden soll dadurch der *Horror vacui* – die Angst vor dem Nichts, davor also, dass der Bildschirm nicht mit aktuellen Berichten gefüllt werden kann. Jeden Tag wird deshalb großer Aufwand darauf verwendet, genau diese Situation nicht entstehen zu lassen. Gleiches gilt aber auch umgekehrt, denn es sollen auch keine Reporter:innen und Kameraleute für einen Beitrag rausgeschickt werden, der dann nicht gesendet wird.

Um dieses Ziel zuverlässig zu erreichen, kommt es in der Planung der Sender zu einer Präferenz für jene Themen und Ereignisse, die sich gewöhnlich ohne große Umstände bebildern lassen oder die gar selbst zuverlässig geeignetes Bildmaterial liefern. Wenngleich längst nicht mehr alle Nachrichten ‚von den Bildern her' gedacht werden, wie es in Redaktionen oft heißt, haben es ‚bildschwache' Themen schwer, im notorisch unter Zeitdruck stehenden Redaktionsprozess ausgewählt zu werden, da sie durch dieses Defizit zusätzlich Ressourcen binden.

Die Notwendigkeit den redaktionellen Prozess so gut es geht zu planen und Strukturen zu etablieren, die zunächst einmal sicherstellen, dass überhaupt ein Bild zur gewohnten Sendezeit zu sehen ist, sorgt für eine routinierte Berichterstattung, die innerhalb bekannter Themen besonders zuverlässig funktioniert. Die Kehrseite dieses Vorgehens liegt in einem Mangel an Flexibilität, die nötig wäre, um schnell auf neue Entwicklungen und unvorhergesehene Themen zu reagieren. Gerade Themen aus abgelegenen Gebieten kommen schon deshalb häufig nicht ins Fernsehen, weil es einen riesigen Aufwand bedeutet, die technische Infrastruktur aufzubauen und von dort zu berichten.

Je mehr Zeit und Geld jedoch bereits in eine Berichterstattung investiert wurde, desto höher ist die Wahrscheinlichkeit, dass der entsprechende Beitrag auch tatsächlich gesendet wird. Dies begünstigt den Eindruck von quasi kanonischen Themen, die immer wieder Eingang in die Berichterstattung finden. In Anlehnung an den berühmten Satz aus dem Gleichnis von den anvertrauten Talenten im Matthäus-Evangelium, „wer hat, dem wird gegeben", spricht man vom *Matthäus-Effekt*, der insbesondere in den Nachrichten weit verbreitet ist. Dort gibt es eine klare Präferenz für das Weitererzählen einmal eingeführter Geschichten, die auch dann noch zum Tragen kommt, wenn das Ereignis für sich genommen keine besondere Relevanz aufweist. Ist man aber schon einmal vor Ort, hat evtl. erst mühsam eine Infrastruktur zur Berichterstattung aufbauen müssen, schaffen es dann auch weniger bedeutsame Entwicklungen in die Nachrichten, für die man nicht eigens ein Team losgeschickt hätte.

Immer wieder im Februar werden zum Beispiel die Zuschauer:innen der Tagesschau ins baden-württembergische Rottweil entführt. Jedes Jahr am Rosenmontag berichten die ARD-Reporter:innen über die farbenfrohe alemannische Tradition des

Narrensprungs, in der viele Bewohner:innen der Ortschaft mitwirken. Ort und Ablauf des Spektakels sind genau bekannt, die Verkleidungen und Masken sind immer wieder eindrucksvoll und die besten Kamerapositionen für die Aufnahmen wurden schon im vergangenen Jahr erprobt. Die Prozession beginnt am frühen Vormittag, sodass die Reporterin vor Ort mit großer Sicherheit einen Bericht für die *Tagesschau* drehen und nach Hamburg überspielen kann. Das Risiko, dass dieser Beitrag nicht zustande kommt und eine Lücke im Programm hinterlässt, ist minimal. Nicht zuletzt deshalb gibt es eine Tendenz des Inlandsplaners, das Angebot des Regionalstudios für die Sendung in jedem Jahr wieder zu bestellen. Der Bericht aus Rottweil gehört geradezu zum Inventar der Sendung, auch wenn es viele andere farbenfrohe karnevalistische Veranstaltungen gibt, über die sich berichten ließe.

Fallbeispiel Nahostkonflikt
Mit weit größeren Auswirkungen ist der redaktionelle *Matthäus-Effekt* bei der Berichterstattung über den Nahostkonflikt zu beobachten. Kaum eine Woche vergeht, in der keine Bilder aus dieser Region über die Sender gehen. Nicht dass der Konflikt, der gerade im Gazastreifen immer wieder eskaliert, kein wichtiges außenpolitisches Thema ist, das aufgrund des besonderen Verhältnisses zwischen Israel und Deutschland große Aufmerksamkeit verdient. Doch allein darauf gründet nicht die stetige Medienpräsenz auch weniger schwerwiegende Entwicklungen in diesem Teil der Welt.[14] Es ist die hohe Dichte an Journalistinnen und Fotoreportern in der Region, die dafür sorgt, dass überproportional viel Material produziert und über die Agenturen abgesetzt wird (siehe Abschn. 2.3)

Sowohl die ARD als auch das ZDF unterhalten eigene Studios in Tel Aviv, die jeweils über ein eng geknüpftes Netz an *Stringern*, also freiberuflich tätigen Journalist:innen verfügen, das sie jederzeit mit besten Videos und Bildern versorgt. Dieser organisatorische Vorteil wird durch einen weiteren Faktor verstärkt. Wurde nämlich einmal ein bestimmter Konflikt, eine Region oder ein Ereignistyp als ‚nachrichtenwürdig' ausgewählt, legitimieren die Redaktionen nicht selten ihre Auswahl, indem sie offenbar dazugehörige Geschichten wiederum für die Berichterstattung selektieren.[15]

---

[14] Würde man den gleichen Maßstab an die Berichterstattung in asiatischen oder afrikanischen Staaten anlegen, fände man wohl an den meisten Tagen Ereignisse, die in Ausmaß und Bedeutung für den jeweiligen Konflikt den Vorkommnissen im Westjordanland in nichts nachstehen.
[15] Boydstun et al. (2014); Brosius und Eps (1995); Kepplinger und Habermeier (1995) Viele dieser Untersuchungen gehen zurück auf den so genannten *continuity effect*, der bereits von Galtung und Ruge (1965) beschrieben wurde.

Andere Themen werden beständig berichtet, weil die Orte des Geschehens bereits selbst Garanten für eine gute Geschichte sind. New York etwa fasziniere die Menschen in Deutschland schon lange, berichtet eine erfahrene ARD-Korrespondentin. Es passiere dort einfach jeden Tag so vieles, dass eine gute Story in der Regel leicht zu finden ist.[16] Das Resultat aus solchen Tendenzen sind Themen und regelrechte Nachrichtenprotagonisten, über deren Schicksal wir selbst dann noch unterrichtet werden, wenn es eigentlich nicht viel Neues oder Relevantes zu berichten gibt. Ein eindrückliches Beispiel für diesen Typus ist der ehemalige Tennis-Profi Boris Becker, der auf Schritt und Tritt verfolgt wurde und dessen Tun und Unterlassen immer wieder die Schlagzeilen beherrschte, obwohl seine Bedeutung in und für die deutsche Öffentlichkeit gegen Null geht.

5.3.1.3 Videoredaktion: Überblick über die verfügbaren Bilder

Aufgrund der drastisch gestiegenen Materialmenge und der besonderen Bedeutung der Bilder für die Fernsehnachrichten werden die jeweiligen *Sendeteams* in den meisten Sendern durch eigene *Videoredaktionen* unterstützt. Um sicherzustellen, dass relevantes Bildmaterial auch alle Ausspielwege der Sender erreicht, sichten sie und/oder so genannte *Mediadesks* permanent das eingehende Material, treffen eine Vorauswahl aus der Bilderflut und weisen auf Lücken in der Berichterstattung hin. Sie müssen aus den Zentralen der Nachrichtenredaktionen heraus den Überblick über das Bildmaterial haben und die Korrespondent:innen so unterstützen. Auch in diesem Sinne arbeiten die Redaktionen also stets mit bereits präkonfiguriertem Material.

Per Schnellsuche in eigenen *Content-Management-Systemen* können die Redakteur:innen die gesammelten Fotos und Videos nach Schlagworten durchsuchen. Was es am jeweiligen Tag an neuem Bildmaterial von Putin oder Biden gibt, lässt sich so in Sekundenschnelle aus täglich mehreren hundert Videos herausfiltern. Gleiches gilt für die Schlammlawine in Brasilien, die viele Menschen unter sich begraben hat, oder die Überschwemmungen in Australien.

Die *Videoredaktion* sichtet das Material und weist in den Konferenzen und über das hauseigene Redaktionssystem auf relevante Bilder hin. Darüber hinaus sucht sie Bildmaterial zu Themen, für die es bislang noch keine Bilder gibt. Wie sieht es aus mit Material der brennenden Fähre „Fremantle Highway" vor der niederländischen Küste? Über die Webseite der Eurovision können Bilder beispielsweise direkt beim niederländischen Fernsehen NOS angefragt werden.

Die Videoredaktion ist damit so etwas wie ein ‚Stachel im Fleisch der Redaktion', ein konstanter Kontrollpunkt, der sicherstellt, dass alle relevanten Bilder auch

---

[16] Auszug aus einem Gespräch mit einer ARD-Korrespondentin in New York am 14.08.2023.

5.3 Die drei Limitationen der Redaktion

Abb. 5.2 ARD-Videodesk. (Quelle: Michael Wegener)

auf die Ausspielwege gelangen. Sie berät nicht nur die aktuelle Senderedaktion in den täglichen Konferenzen, welche Bilder es gibt und welche noch gesucht werden, sondern auch jene Redakteur:innen im Haus, die mit den Korrespondent:innen vor Ort zusammenarbeiten. (Abb. 5.2)

Diese berichten etwa über die neuesten Entwicklungen im Ukraine-Krieg. Haben sie dafür schon die wichtigsten Bilder? Zum Beispiel jene, die zeigen, wie tausende Ukrainer eine der riesigen Ausfallstraßen in Kiew komplett blockieren, weil sie alle gleichzeitig versuchen, die Stadt zu verlassen? Oder die von den Verhandlungen zwischen den Kriegsparteien in einem abgelegenen Ort in Belarus? Natürlich war dort keine eigene ARD-Kamera vor Ort, aber eine der Bildnachrichtenagenturen hatte rechtzeitig eine Kooperation mit der größten belarussischen Nachrichtenagentur *BelTA* abgeschlossen und konnte die Bilder der Verhandlungen sogar live zeigen (siehe Abschn. 2.1.4). Auf diese Weise wurden auch sie zu einem Teil des Berichts der Moskauer Korrespondent:innen zum Krieg an diesem Abend.

Doch bis es soweit ist, dass die aufgespürten Bilder und Videos tatsächlich Bestandteil der Berichterstattung werden, müssen noch weitere Selektionen erfolgen.

Auf der nun folgenden *Durchgangsstufe* hat sich der Materialpool zwar bereits deutlich verkleinert, er ist aber immer noch viel zu umfangreich für einen kurzen Nachrichtenbeitrag von höchstens drei Minuten Länge. Für die Redaktion gilt es nun zu fokussieren und gemeinsam herauszuarbeiten, welche Nachrichten die Bilder erzählen bzw. welche Bilder zu ihrer Nachricht passen.

5.3.2 Die Durchgangsstufe: Relevanz und Bedeutung

Im Rahmen der soziologischen Systemtheorie ordnet der deutsche Soziologe Niklas Luhmann den unterschiedlichen durch Arbeitsteilung ausdifferenzierten Teilsystemen der Gesellschaft jeweils für sie gültige Leitmotive zu, an denen sich all ihre Tätigkeit – Luhmann nennt diese Systemoperationen – orientiert. In diesem Sinne geht es in Politik stets um Macht, in der Wirtschaft um Geld, in der Wissenschaft um Wahrheit und in den Massenmedien um Information. Dies bedeutet, dass im Idealfall eine wissenschaftliche Aussage nur dann verworfen werden kann, wenn sie sich als unwahr erweist und nicht, wenn sie als zu kostspielig erscheint oder herrschende Machtverhältnisse in Frage stellt.

Im Fall der Massenmedien ist das entscheidende Auswahlkriterium zunächst nicht die Wahrheit der Information, sondern deren Neuheit oder Neuigkeit. Ihre *Relevanz* steckt in einem Unterschied, der in Bezug zu einem vorherigen Zustand einen Unterschied markiert.[17] Ein gutes Beispiel für eine solche klassische Neuigkeit sind die Bilder einer improvisierten Pressekonferenz, die FDP-Vorsitzender Christian Lindner nach den gescheiterten Sondierungen zu einer möglichen Jamaika-Koalition einberief.

„Das war doch eine wahrhaft historische Entscheidung, da ist doch ein echter Krimi abgelaufen. Von der Nacht gezeichnete Gesichter, jemand, der ohne Absprache den Raum verlässt und die Verhandlungen platzen lässt. Diese Atmosphäre muss man doch auch einfangen."[18]

Neben der Identifikation dieser *grundsätzlichen Relevanz* des nun weiter zu bearbeitenden Materials muss auf der *Durchgangsstufe* auch über seine *spezifische*

---

[17] Zahlreiche Klatschmagazine und nicht zuletzt soziale Netzwerke mögen als Beweis dafür dienen, dass Medien auch mit einem sehr geringen Wahrheitsanspruch recht gut funktionieren können. Zum dahinterstehenden Informationsverständnis siehe: Bateson (1981, S. 488); Luhmann (2009).

[18] Einschätzung einer Redakteurin der ZDF-heute-Redaktion aus den Feldnotizen vom 20.11.2017 zitiert nach Liefke (2024, S. 216).

5.3 Die drei Limitationen der Redaktion

Relevanz entschieden werden. Dabei geht es um die Frage, welche Bedeutung dem jeweiligen Material zukommt, ob es weitergehende Einordnungen erforderlich macht oder ob es gar gute journalistische Gründe gibt, bestimmte Videos und Fotos nicht zu zeigen. Dies kann selbst dann der Fall sein, wenn das Material bereits als authentisch und grundsätzlich relevant identifiziert wurde. Denn was nach einer abgedroschenen Phrase klingt, ist für Redaktionen eine andauernde Herausforderung: ‚Ein Bild sagt mehr als tausend Worte'.[19] Sie erleben jeden Tag im Laufe der Auseinandersetzungen mit Korrespondentinnen und Planern, dass die zur Verfügung stehenden Bilder unterschiedlich verstanden werden können und mehr preisgeben als auf den ersten Blick sichtbar wird. Was der Planer wegen einer vielversprechenden Ankündigung in Auftrag gegeben hat oder die Kollegin vor Ort als Resultat der eigenen Recherche anbietet, lässt sich mitunter gar nicht oder nicht ohne weiteres dem (deutschen) Nachrichtenpublikum vermitteln.

Sind Bilder in diesem Sinne zu voraussetzungsreich, müssten sie erst umständlich erklärt und kontextualisiert werden, können sie sich unter Umständen schon für die Nachrichten disqualifizieren. Gerade Auslandskorrespondent:innen beschreiben durchaus mit einer gewissen Frustration, dass sie mit ‚ihren' Geschichten nicht bei der Redaktion durchdringen. Die Hintergrundrecherche eines ZDF-Korrespondenten in Nahen Osten verschwindet dann in einer eher wenig beachteten Magazin-Sendung, in der es noch Sendezeit zu füllen gibt, während er für die Nachrichten nur einen kurzen Aufsager vor einer demonstrierenden Masse oder

---

[19] Der Gedanke, dass ein Bild mehr sagt als tausend Worte, findet sich bereits bei dem russischen Schriftsteller Iwan Sergejewitsch Turgenjew und erlebte eine Renaissance, die genau wie heute wieder mit dem technischen Fortschritt einherging. In den ersten Jahrzehnten des 20. Jahrhunderts wurden immer mehr Städte durch Straßenbahnen durchpflügt, die in damals atemberaubender Geschwindigkeit den Personen- und Warenverkehr revolutionierten. Findige Werbefachleute erkannten ein bisher unentdecktes Potenzial in den Waggons, die innerhalb kürzester Zeit von vielen Menschen gesehen wurden und so eine ideale Werbefläche abgaben. Das große Problem bestand allein darin, dass die bis dahin überwiegend verwendete Schriftwerbung auf dem neuen Medium, den Straßenbahnwaggons, nicht funktioniert. Sie waren einfach zu schnell, als dass die Botschaft von den Menschen auf der Straße gelesen werden konnte. Die Form der nun erforderlichen Werbung folgte ihrer Funktion auf fahrenden Zügen erkennbar zu sein und so entstand eine Bildsprache, die das öffentliche Leben noch heute prägt. Der Slogan, den sich der Werbefachmann Frederick Barnard für eine Anzeige im Fachblatt *Printer's Ink* ausdachte, um auf die neue Methode aufmerksam zu machen lautete zunächst: „One Look is Worth a Thousand Words" und später dann „One Picture is Worth a Thousand Words". Die deutsche Entsprechung „Ein Bild sagt mehr als tausend Worte" wurde einem breiteren Publikum durch den gleichlautenden und 1926 erschienenen Essay des Journalisten und Schriftstellers Kurt Tucholsky bekannt.

einem weithin bekannten Gebäude aufzeichnet.[20] Verantwortlich für dieses journalistischen Verfahren und die damit verbundenen Aushandlungsprozesse sind die so genannten *CvD (Chef:innen vom Dienst)*, die einem bestimmten *Sendeteam* vorstehen und in Streitfällen das letzte Wort haben.

5.3.2.1 Die Aufgabe der CvD

Rückt der Sendetag oder die Sendung selbst näher, treten zur Planung wie gerade beschrieben die sendungsverantwortlichen *CvD* hinzu. Mit Blick auf die zur Verfügung gestellten Planungslisten sowie die ununterbrochen einlaufenden Meldungen der Wort- und Bildagenturen bauen sie einen ersten Sendungsentwurf zusammen. Sinnbild für diesen Selektionsschritt sind die Benutzeroberflächen der Redaktionsprogramme, welche die *CvD* für diese Arbeit oftmals auf zwei separaten Bildschirmen geöffnet haben. Mit Hilfe des einen Programmes browsen sie durch das zur Verfügung stehende Material, das sich unbarmherzig immer wieder aktualisiert und mit dem anderen befüllen sie eine Vorlage, in der jede ihrer Eintragungen umgerechnet in Sekunden und Minuten vom Zeitbudget der Sendung abgezogen wird. (Abb. 5.3)

Mit Hilfe zahlreicher Suchfunktionen lassen sich wie oben beschrieben genau jene Bilder und Berichte herausfiltern, die zu den Themen der Sendung passen. So lässt sich schon zu diesem Zeitpunkt zumindest das Potenzial eines *Beitragskandidaten* ermessen, das es im weiteren Prozess umzusetzen gilt. Gibt es für eine Nachricht eindrückliche Bilder, steigt die Wahrscheinlichkeit, dass über dieses Ereignis ausführlicher berichtet wird. Dies gilt selbst dann, wenn die Nachricht selbst keine große *Relevanz* besitzt, die allein schon die Berichterstattung rechtfertigen würde.

Der Maßstab, mit dessen Hilfe dieses Potenzial beurteilt wird, variiert so von Tag zu Tag und muss immer wieder austariert werden. Angesichts einer ‚schwachen Nachrichtenlage', wie es in Redaktionen immer wieder heißt, können bestimmte Themen Fahrt aufnehmen und eine Bedeutung erlangen, die sie angesichts stärkerer Themenkonkurrenz an einem anderen Tag nicht erhalten hätten. An einem solchen Tag kann es etwa vorkommen, dass ein *CvD* ein wenig bedeutsames Thema wie den 90. Geburtstag von Queen Elisabeth II. allein aufgrund der mit Blumen gesäumten Straßen in Windsor zum Aufmacher der Mittagsnachrichten bestimmt. Damit rückt dann der

---

[20] Da die Zeiträume für Auslandsberichterstattung in den Hauptnachrichten des Fernsehens äußerst knapp bemessen sind, bevorzugen viele Korrespondent:innen inzwischen die anderen weniger reichweitenstarken Informationsformate, für die sie mit größerer Verlässlichkeit und längerem Vorlauf produzieren können. Das Prestige um kurz nach sieben in den *heute*-Nachrichten geschaltet zu werden, ist nämlich stets mit dem Risiko verbunden, den eigenen Beitrag auch kurzfristig noch ändern zu müssen oder gar in letzter Minute von einem anderen Thema verdrängt zu werden.

Abb. 5.3 Newshighway – Arbeitsplatz der CvD der 19 Uhr heute-Sendung. (Quelle: ZDF/ Carmen Sauerbrei)

ursprünglich vorgesehene und politisch höchst relevante, aber überaus ‚bildschwache' Beitrag des damaligen Finanzministers Wolfgang Schäuble zum Renteneinstiegsalter auf den zweiten Platz des Sendeablaufes – die Bilder der Queen interessieren das Publikum einfach.

Wenig überraschend spielt also Bildmaterial gerade bei Fernsehnachrichten eine wichtige Rolle. Nicht jedes Thema, das es in die Sendung schafft, muss dabei gleichermaßen ‚bildstark' sein. Wie beschrieben profitiert aber ein Beitrag ganz entscheidend von seinem optischen Potenzial. Der besonderen Bedeutung der Bilder entspricht in diesem Sinne eine zweite *CvD*-Position in den Redaktionen von ARD und ZDF, die sich eigens mit dem kontinuierlich einlaufenden Bildmaterial beschäftigt und ihre Kolleg:innen etwa in Abstimmung mit der *Videoredaktion* darauf hinweist, wenn zu ihrem Beitrag neue Videos zur Verfügung stehen. Dies ist auch deshalb so wichtig, weil die Redakteur:innen häufig mit Konzeption und Text ihrer Beiträge beschäftigt sind und dabei die Bilder schnell aus den Augen verlieren.

5.3.2.2 Redaktionskonferenzen und das Vier-Augen-Prinzip

All diese größeren und kleineren Weichenstellungen von der Themenauswahl bis zur Bebilderung treffen die *CvD* nicht allein. Gerade wenn es – wie im redaktionellen Prozess – oftmals kein eindeutiges Richtig und Falsch gibt, ist es wichtig, die Entscheidungen auf eine breite diskursive Grundlage zu stellen. Dies geschieht sowohl in den formellen Redaktionskonferenzen, die den Arbeitsalltag strukturieren, als auch in den fortwährend stattfindenden informellen Absprachen, von Tisch zu Tisch oder zwischen Kolleg:innen, die vielleicht dasselbe Thema für verschiedene Sendungen bearbeiten. Dieses in Nachrichtenredaktionen weitverbreitete *Vier-Augen-Prinzip* (oftmals sind es sogar noch mehr Augenpaare) liegt auch der Zusammenarbeit zwischen Redaktion und Reporter:innen zu Grunde. Beide sind an der Herstellung des Beitrages beteiligt und können die Fehler und blinde Flecken des jeweils anderen kompensieren – ganz und gar vermeiden können sie diese jedoch nicht.

Eine weitere Umsetzung des 4-Augen-Prinzips findet sich auch in der Zusammenarbeit mit den *Cutter:innen*. Gerade wenn es um die Auswahl von Bildmaterial geht, dienen auch sie als ein wichtiges Korrektiv. Analog zu den Erfahrungen des ZDF-Korrespondenten in Tel Aviv (Abschn. 3.3) bilden sie für die Redaktion ebenfalls eine Art Testpublikum. Neben ihrem technischen Sachverstand, mit dem sie auf einen kohärenten Bilderfluss achten, in dem es keine Achsensprünge gibt, nicht Totale auf Totale folgt und der Ton zum Bild passt, signalisieren sie als ein wichtiger Indikator das ‚Funktionieren' der Nachrichtengeschichte. Verstehen sie, auf was die Autorin des Beitrages hinauswill? Erkennen sie die Sehenswürdigkeiten, die zur Etablierung des Ortes eingesetzt werden? Leuchtet ihnen die Verknüpfung von Text und Bild ein? All diese Fragen muss die Redaktion klären, bevor der Beitrag ausgestrahlt wird, denn das spätere Publikum verfügt über keinerlei Möglichkeiten, Rückfragen zu stellen. Schon kleine Ungereimtheiten können so das Verständnis einer ganzen Sendung gefährden.

Gerade die für den Journalismus typische *De- und Rekontextualisierung*[21] stellt ein großes Gefahrenpotenzial dar. Weil nur wenig Zeit für die jeweiligen Beiträge zur Verfügung steht, muss die Redaktion Videos auf die entscheidenden Augenblicke beschränken und verliert damit stets evtl. wichtige Kontextinformationen, die dann etwa durch Erklärungen nachgeliefert werden müssen. Ob dies gelingt oder ein Video so dominant ist, dass trotz Einbettung ein falscher Eindruck entsteht, lässt sich wiederum nur im redaktionellen Miteinander erarbeiten.

5.3.2.3 Zeigen, was ist?

Neben den beschriebenen inhaltlichen Abwägungen, bei denen die Frage im Vordergrund steht, ob die Bilder einen richtigen Eindruck vom Geschehen vermitteln, ist die Verwendung von Bildmaterial oft auch mit ethischen Problemen verbunden. Insbesondere wenn es sich um Aufnahmen handelt, die ohne das Wissen der Betroffenen bzw. gegen deren Wunsch entstanden sind, muss die Redaktion überprüfen, ob eine Veröffentlichung journalistisch vertretbar ist. So wird auf der *Durchgangsstufe* auch die Frage beantwortet, welches Bild der Redaktion das gesendete Bild erzeugt? Nach-

---

[21] Altheide (1976).

richtenbilder verraten nämlich nicht nur einiges über das abgebildete Ereignis, sie offenbaren auch Qualitätsstandards der Redaktion: Ist sie auf Sensationen aus? Wahrt sie Distanz? Beachtet sie Persönlichkeitsrechte? Setzt sie Reporter:innen Gefahren aus, um besonders spektakuläre Bilder zu bekommen? Worauf legt sie Wert? Welche Symbole und repräsentative Darstellungen nutzt sie?

Zwei wichtige und zusammenhängende Erkenntnisse bestimmen dabei den redaktionellen Prozess hinter jenen Sendungen, die das Weltbild vieler Menschen prägen: Zum einen realisieren sie, dass nicht alles, was man sehen kann auch wahr sein muss und dass es gute Gründe gibt, dem Augenschein zu misstrauen. Sie erkennen, dass Bilder manipuliert, aus dem Zusammenhang gerissen oder inszeniert sein können und dass es manchmal gerade die scheinbar eindeutigen, die ganz genau passenden Bilder sind, denen man mit besonderer Vorsicht begegnen sollte. Zum anderen kommt hinzu, dass nicht alles, was wahr ist, immer auch sichtbar gemacht werden kann oder muss. Manchmal bringt eine zusammenfassende Wortmeldung den Kern der Nachricht besser auf den Punkt als ein sensationelles Video, das die Aufmerksamkeit der Zuschauenden vom Wesentlichen ablenkt. Nicht jedes Symbolbild steht wirklich für das, wofür es im Beitrag gebraucht wird und immer wieder müssen auch und gerade Journalist:innen das öffentliche Informationsinteresse gegen den Schutz der Privatsphäre und andere Güter abwägen.

„Ich kann mich an eine Diskussion erinnern, als Bilder aus Brasilien von einer Schlammlawine kamen. Die ersten Bilder der nationalen TV-Anstalt zeigten Leute, die in dieser Lawine stecken geblieben sind oder ertrunken waren, die Leichen in diesem Schlamm. Wir sind natürlich sehr schnell zu der Überzeugung gekommen, diese Bilder müssen wir nicht zeigen. Wir hatten auch genügend Alternativen, sodass das nicht notwendig war."[22]

Fallbeispiel Andrea Nahles
Jeden Tag sichten Redakteur:innen Bilder und Videos, die ihr Fernsehpublikum niemals zu Gesicht bekommen, und zwar nicht, weil sie gefälscht sind, sondern weil es falsch wäre, sie zu zeigen. Weil es aus der Perspektive der Journalist:innen gute journalistische Gründe gibt, diese Bilder nicht zu veröffentlichen. Dieser Abwägungsprozess ist außerordentlich komplex und führt in verschiedenen Redaktionen zu durchaus unterschiedlichen Ergebnissen.

So kommt es gerade in Redaktionen, die nicht wie die Reporterinnen und Korrespondenten vor Ort von der unmittelbaren Erfahrung geprägt sind, immer wieder zu Diskussionen, ob ‚zeigen, was ist' immer bedeutet ‚alles' zu zeigen, was ist. Bil-

---

[22] Interview mit Andreas Hummelmeier, CvD der Tagesschau, am 14.01.2022.

der fangen stets nur einen Aspekt des Geschehens ein und verdecken gleichzeitig viele andere. Die Redaktion muss deshalb prüfen, ob der Eindruck, den sie durch die Veröffentlichung eines Bildes oder eines Videos erweckt, mehr Erkenntnis als Möglichkeiten des Missverstehens stiftet.

Gleichzeitig besteht das Problem, dass die Selektionskompetenz bzw. die *Gatekeeper*-Funktion durch digitale Plattformen kompromittiert wird, da dort bestimmte Aufnahmen auch dann einem breiten Publikum bekannt werden, wenn deren publizistischer Wert mindestens als fragwürdig zu betrachten ist. Es kommt deshalb mehr denn je auf die so genannte *Gatewatcher*-Funktion der Redaktion an. Sie kann nicht mehr – wie es früher vielleicht noch der Fall gewesen sein mag – verhindern, dass bestimmte Bilder und Informationen an die Öffentlichkeit gelangen. Umso wichtiger ist es aber, dass sie Bescheid weiß, was gerade heftig diskutiert wird, um das Material verifizieren und ggf. einordnen zu können.

Ein Beispiel soll dieses Problem illustrieren: „Habt ihr dieses Video von Nahles schon gesehen?" – „Jetzt geht die Demokratie vor die Hunde." – „Wenn das jetzt der neue Stil ist …" Die einen haben es bereits im Radio gehört, die anderen auf einer digitalen Plattform gesehen und natürlich ziert es prominent die Startseite von bild. de. Ein kurzes Video der SPD-Politikerin Andrea Nahles sorgt für heftige Diskussionen in der Redaktion. Was war geschehen?

Unmittelbar nach der Bundestagswahl 2017 sah es so aus, als würde eine sogenannte Jamaika-Koalition die bisher amtierende Regierung aus CDU/CSU und SPD ablösen. Für die damalige Bundesarbeitsministerin und frisch gewählte Vorsitzende der SPD-Bundestagsfraktion, Andrea Nahles, bedeutete dies, in kürzester Zeit einen Rollenwechsel zu vollführen. Am einen Tag arbeitete sie noch bekanntermaßen vertrauensvoll mit Kanzlerin Angela Merkel zusammen, am nächsten würde sie als Oppositionsführerin ihre schärfste Kritikerin werden (müssen).

Im Anschluss an ihre letzte Kabinettssitzung wurde sie von Journalist:innen auf ihre Gefühle in dieser ungewöhnlichen Situation angesprochen, ihre Antwort, die im Video festgehalten wurde: „ein bisschen wehmütig und ab morgen kriegen sie in die Fresse".[23] Bei den Aufnahmen handelt es sich augenscheinlich nicht um ein offizielles Statement oder eine Pressekonferenz. Nahles verlässt gerade die Kabinettssitzung und wird von den wartenden Journalist:innen im Flur des Bundeskanzleramtes abgepasst. Halb im Gehen und in gelöster Stimmung lässt sich Nahles den nun in Rede stehenden Satz entschlüpfen. Die Frage, die nun in der Redaktion diskutiert wird, liegt auf der Hand: müssen wir dieses Video unserem Publikum zeigen?

---

[23] Das Video vom 27.09.2017 ist noch immer auf YouTube abrufbar.

5.3 Die drei Limitationen der Redaktion

Grundsätzlich spricht nichts dagegen. Anders als etwa bei *UGC* steht die Authentizität des Materials außer Frage, das von zahlreichen Journalist:innen mitgeschnitten wurde. Auch inhaltlich lassen sich gute Gründe finden: die Aussage von Andrea Nahles bringt die Anspannung der SPD zum Ausdruck, die sich jetzt dringend profilieren muss. Es zeigt eine neue Härte, die mit der AfD in die Sprache des Parlaments Einzug gehalten hat. Die Journalist:innen beleuchten das Material aus unterschiedlichen Perspektiven und diskutieren durchaus kontrovers: Manche finden, schon die breite öffentliche Rezeption reiche aus, um das Video nicht ausgerechnet dem Publikum der eigenen Sendung vorzuenthalten. Doch es gibt auch andere Stimmen. Insbesondere die für die Partei zuständige Reporterin meint, das Video tue Nahles Unrecht. Das Gesagte komme ganz anders rüber als es von Nahles beabsichtigt war.

Diese Diskussion veranschaulicht die typische Dynamik zwischen einer Redaktion und einer Expertin/Reporterin vor Ort. Erstere beurteilt die Relevanz des Materials aufgrund des offensichtlichen Eindrucks, der bei der Rezeption entsteht. Die Korrespondentin ist aufgrund ihres Kontextwissens in der Lage zu überprüfen, ob dieser Eindruck ein zutreffendes Bild der Lage widerspiegelt. Vorliegend ist ihrer Auffassung nach das Nahles-Video aber gerade keine Neuigkeit. Es steht nicht für eine neue Härte im politischen Umgang, sondern für die burschikose Ausdrucksweise der Ministerin, die bereits hinlänglich bekannt ist. Eine Fokussierung auf die scheinbare Drastik der Wortwahl wäre demnach irreführend, zumal Nahles über Parteigrenzen hinaus für einen zwar etwas ruppigen Ton, aber ein überaus faires Miteinander bekannt ist. Am Ende entscheidet die Redaktion den Clip nicht zu zeigen. Im Beitrag wird sein Inhalt stattdessen resümiert und eingeordnet.

Fallbeispiel Pressekonferenz der Entführer
Als im Jahr 2014 Mitarbeitende der Organisation für Sicherheit und Zusammenarbeit in Europa (OSZE) im umkämpften Osten der Ukraine entführt und als Geiseln genommen wurden, organisierten die Entführer eine ,Pressekonferenz', zu der viele der ohnehin in der Region befindlichen Reporter:innen erschienen. Im Rahmen dieser ,Präsentation' wurden auch die gefangenen OSZE-Mitarbeitenden vorgeführt, um offenbar einstudierte Erklärungen zu verlesen. Die Entführer nutzten ihre Machtposition aus, um eine Situation zu schaffen, in welche sich die Entführten freiwillig niemals begeben hätten. Die Redaktionen stellten sich daraufhin die Frage, ob das Material verwendet werden könne oder nicht. In der Abwägung entschied sich das ZDF dazu, weder Statements im Bild noch wörtliche Zitate zu verwenden, da deren Entstehungsgeschichte „unklar" sei wie aus dieser Stellungnahme auf *heute.de* hervorgeht:

„Aus der Ukraine gibt es heute Bilder von den festgehaltenen OSZE-Beobachtern bei einem Presseevent mit dem Bürgermeister von Slawijansk. Wir berichten darüber bildlich und inhaltlich, verzichten aber auf die Verwendung von wörtlichen Zitaten und Statements im Bild, da wir nicht prüfen können, wie freiwillig oder unfreiwillig diese Äußerungen zustande kamen. Die Beobachtermission wurde mit Waffengewalt in ihrer Bewegungsfreiheit eingeschränkt. Deshalb gibt es Zweifel an der informationellen Selbstbestimmung der Beobachter. Nach dem deutschen Pressekodex sollen Medien diese Selbstbestimmung, sowie die Ehre und Würde von Personen schützen, die sich in solch einer Extremsituation befinden."[24]

ARD und RTL hingegen verwendeten Auszüge und beriefen sich dabei auf den dokumentarischen Charakter der Bilder, der für die Entführer entlarvend sei. Auf herabwürdigende Nahaufnahmen der Betroffenen aber habe man bewusst verzichtet, so der damalige Chefredakteur der Tagesschau Kai Gniffke:

„Der Sprecher der Beobachter äußerte sich professionell und ist deutlich um Deeskalation bemüht. Auch dies ist ein Dokument, und unter gewissen Bedingungen ist es mit journalistisch-ethischen Grundsätzen vereinbar, Ausschnitte aus der Vorführung zu senden. Wir können mit diesem Vorgehen unserem Informationsanspruch gerecht werden, ohne eine rote Linie zu überschreiten."[25]

Ähnlich begründet auch der damalige RTL-Sprecher Matthias Bolhoefer die Veröffentlichung des Materials in der Sendung RTL-Aktuell:

„Ausschlaggebend war, dass wir die Aussage der Bilder als stärker entlarvend für die Täter erachteten und nicht als entwürdigend für die Opfer."[26]

Auch oder gerade weil die Entscheidungen der Redaktionen unterschiedlich ausfallen, zeigen die Stellungnahmen den Zwiespalt, in dem sich Journalist:innen immer befinden, wenn sie Fotos und Videos verwenden. Sie lassen im wahrsten Sinne des Wortes die Bilder für sie sprechen, geben damit einen Teil der Deutungshoheit über den Beitrag ab und können beabsichtigt oder nicht Teil einer Inszenierung werden. Da dies gerade in politischen Kontexten oftmals unvermeidbar ist, muss die Frage nach einer etwaigen Instrumentalisierung im redaktionellen Prozess thematisiert und ggf. für das Publikum transparent gemacht werden.

---

[24] Tagesspiegel vom 28.04.2014.
[25] ebd.
[26] ebd.

5.3 Die drei Limitationen der Redaktion

Fallbeispiel General Praljak

Die Bilder sind wirklich unglaublich: ein älterer Mann mit schütterem schlohweißem Haar und von tiefen Falten zerfurchten Gesicht steht von seinem Platz auf, sagt etwas in einer fremden Sprache, trinkt aus einem kleinen braunen Fläschchen, das er aus seiner Jackett-Tasche holt, und sackt Sekunden später leblos zusammen. Ausweislich des Begleittextes zeigt das kurze Video den Selbstmordversuch des verurteilten Kriegsverbrechers Slobodan Praljak, einem früheren General der kroatischen Armee. (Abb. 5.4)

Unter anderen Umständen wäre dies zunächst ein Fall für die Authentizitätsprüfung geworden: wollen wir doch erstmal sehen, ob das wirklich Praljak ist und so weiter. Doch diesmal liegen die Dinge anders. Das Video ist definitiv echt – sogar gerichtsfest, denn es wurde vom Internationalen Strafgerichtshof für das ehemalige Jugoslawien (ICTY) in Den Haag selbst als *Poolbild* erstellt, um die dort anhängige

Abb. 5.4 Redakteurin sichtet Videomaterial zum Selbstmord von Slobodan Praljak. (Quelle: Imago/Pixsell)

Berufungsverhandlung gegen Praljak festzuhalten und mit der Welt zu teilen. Schließlich ist eines der wichtigsten Prinzipien der Strafjustiz die Öffentlichkeit der Verfahren und die wird bei einem derart bedeutsamen Prozess auch über Fernsehen und Internet sichergestellt. Nicht wenige der früheren Opfer des Generals und deren Angehörige verfolgen die Entwicklungen im Gerichtssaal live in ihrer bosnischen Heimat.

Bereits Minuten nach dem Vorfall liefen die ersten Meldungen über die Ticker. Gleich mehrere Agenturen informierten ihre Abonnenten über die erschreckenden Entwicklungen in Den Haag. Auch das ZDF musste sich darauf verlassen, da das zuständige Auslandsstudio in Brüssel angesichts der zu erwartenden Bestätigung des Urteils, die an diesem Verhandlungstag anstand, keine eigene Reporterin zur Gerichtsverhandlung entsandt hatte. Nicht lange nach den ersten Textmeldungen zeigten die Monitore im Newsroom nun die ersten Vorschaubilder aus dem Gerichtssaal, in denen die oben beschriebene Szene zu sehen ist.

Einige Mitglieder des *Sendeteams*, das an der Hauptausgabe der Nachrichten arbeitet, haben sich um den Tisch des *CvD* versammelt, der an diesem Tag die Sendung verantwortet. Sie schauen sich nochmals gemeinsam das Video an, das sie zuvor schon auf ihren eigenen Bildschirmen betrachtet hatten. Die Frage, zu deren Klärung sich die Journalist:innen versammelt haben ist ganz einfach: sollen wir dieses Video in den Nachrichten zeigen. Die Beantwortung hingegen fällt schwer, denn anders als im Falle möglicherweise gefälschter Bilder, geht es diesmal um eine ethische Abwägung. Muss man alle zur Verfügung stehenden Bilder auch verwenden? Ab wann erlaubt ein hoher Informationswert, tiefgreifende Eingriffe in Persönlichkeitsrechte der Abgebildeten und welchen Informationswert haben diese Bilder überhaupt? Wofür stehen sie? Ein erfahrener Redakteur hat dazu eine ganz klare Haltung:

„Da hat sich immerhin ein verurteilter Kriegsverbrecher umgebracht. Die Leute da [in Mostar] reagieren nicht schockiert auf die Bilder oder sorgen sich um die Persönlichkeitsrechte, sondern die sind frustriert, dass sich Praljak so seiner gerechten Strafe entzogen hat. Das ist es, was er getan hat und dafür steht seine Tat."[27]

Auch der sendungsverantwortliche CvD hält es für falsch Praljaks Suizid in den Vordergrund der Berichterstattung zu rücken:

„Ich denke, es ist wichtig, dass wir unabhängig bleiben und nicht einfach Praljaks Inszenierung folgen. Der wollte doch ganz klar einen großen Abgang von der Weltbühne. […] Wir berichten über Praljaks Selbstmord in kleiner Form. Wir zeigen Pral-

---

[27] Aus den Feldnotizen vom 29.11.2017 zitiert nach Liefke (2024, S. 231).

5.3 Die drei Limitationen der Redaktion

jak im Gerichtssaal, aber nicht, wie er das Gift trinkt. So wissen unsere Zuschauer, was passiert ist und wir lassen uns nicht für irgendeinen Akt der Respektlosigkeit gegenüber den Opfern oder dem Gericht instrumentalisieren, das Praljak sowieso nie anerkannt hat."[28]

Auch in diesem Beispiel findet die Redaktion im Diskurs gute Gründe, ein weithin verfügbares und als authentisch identifiziertes Video nicht in Gänze zu verwenden. In der journalistischen Beurteilung kommen sie zu dem Schluss, dass die anscheinend bewusst gewählte Dramatik der Bilder Praljak die Kontrolle über die Berichterstattung zumindest teilweise überlassen würde. Sie widerstehen so der Versuchung außergewöhnliches Material zu zeigen, das den Schwerpunkt der Berichterstattung unweigerlich von den eigentlich nachrichtenwürdigen Themen abgelenkt hätte.

Etwas Ähnliches gilt auch für Videos, wie sie z. B. vom sogenannten Islamischen Staat (IS) eine Zeitlang produziert wurden. Die Videos, die den Bildnachrichtenagenturen zugespielt wurden und die diese verbreiteten, zeigten etwa, wie ein Jeep durch eine syrische Stadt fuhr. Mit einem Seil waren getötete westliche Soldaten an das Fahrzeug gebunden, die durch die Stadt geschleift wurden. Solcherlei Inszenierungen von Gewalt werden weder bei der ARD noch beim ZDF gezeigt. Stattdessen entschied sich die Redaktion damals dafür, ein stark verpixeltes Foto in den Hintergrund zu setzen und eine Wortmeldung dazu zu schreiben, anstatt das Video zu zeigen.

„Das haben wir bewusst nicht gezeigt, sondern immer nur Standbilder daraus genommen, das Opfer gepixelt und in den größeren Zusammenhang gestellt. Auch wenn diese Sachen inszeniert werden, um dem Westen was zu zeigen, können wir nicht sagen: wir lassen das ganz bleiben. Man muss es versuchen, einzubetten und diese Bilder so zurückhaltend wie möglich zu verwenden."[29]

Spätestens seit der Geiselnahme von Gladbeck im Jahr 1988, während welcher Journalist:innen live Interviews mit den Verbrechern durchführten, sie zum Posieren mit einer Schusswaffe aufforderten und der stellvertretende Redaktionsleiter des Kölner Express' sogar mit ins Fluchtauto stieg, gehört es zum Selbstverständnis der Journalist:innen in Deutschland, sich nicht um der Sensation Willen zum Werkzeug von Kriminellen machen zu lassen. Auch auf diese Weise können Journalist:innen, die Kontrolle über die Bilder verlieren. In der Folge dieser Geschehnisse wurde sogar der Pressekodex, die Selbstverpflichtung des Journalismus in Deutschland, angepasst, um einen solchen Kontrollverlust langfristig zu verhindern.

---

[28] Ebd.

[29] Interview mit Andreas Hummelmeier, CvD der Tagesschau, am 14.01.2022.

Fallbeispiel Verhaftung des Fahrdienstleiters
Haben die vorherigen beiden Fälle gezeigt, welche Herausforderung darin liegt, Kontrolle über bereits existierendes Bildmaterial zu erlangen, stellt das folgende Beispiel gewissermaßen den Gegensatz dazu dar. Fehlt der Redaktion der entscheidende Videobeweis für ihre Berichterstattung kann eine Möglichkeit der Redaktion, Kontrolle über die Bildersprache eines Beitrages zu erlangen, darin bestehen, sich aktiv um die Erstellung geeigneten Materials zu kümmern. Dies ist etwa dann nötig, wenn ein Thema als so wichtig eingestuft wird, dass die Aufmacher-Position zwingend erscheint, aber kein passendes Material zur Bebilderung vorliegt.

Als die *heute*-Redaktion nach einiger Diskussion beschloss, ihre Sendung mit der Verhaftung jenes Fahrdienstleiters zu beginnen, der das Zugunglück von Bad Aibling verursacht hatte, standen keinerlei aktuelle Bilder zur Verfügung. Eine reine Wortmeldung wurde der Bedeutung der Nachricht nach Ansicht der Redaktion aber ebenfalls nicht gerecht. Auch das zuständige Landesstudio in München konnte keine O-Töne von Polizei, Staatsanwaltschaft oder Opfern auftreiben. Kurzerhand entschlossen sich die Redakteur:innen zur Produktion eines „Last-Minute-Stücks". Aus Archivmaterial zum Zugunglück, der digitalisierten Pressemitteilung der Staatsanwaltschaft sowie eines Interviews mit dem hauseigenen Rechtsexperten, der auch noch im Newsroom selbst interviewt wurde, generierte man genug Material, um den Beitrag zu bebildern. Was die beteiligten Journalist:innen als „Notstück" bezeichneten, erschien dem Publikum am Ende als ganz normaler Aufmacher. Nur eines war nicht zu sehen: die Verhaftung des Fahrdienstleiters, die der eigentliche Gegenstand der Berichterstattung war. Die Perspektive des Publikums ist eben doch nicht genau dieselbe wie jene der Redaktion – im Guten wie im Schlechten.

In allen oben beschriebenen Fällen, beim Geburtstag der Queen, bei Nahles und Praljak sowie bei der Verhaftung des Fahrdienstleiters, formieren die Bilder den redaktionellen Prozess. Sie sind entweder Ausgangspunkt oder Grundlage der Berichterstattung und alles Weitere ergibt sich aus ihnen. Oder aber sie sind das Ziel der redaktionellen Bemühungen und müssen mitunter mühsam herangeschafft und besorgt oder zurückgehalten werden, um einen bestimmten Inhalt verständlich vermitteln zu können. Auf der *Durchgangsstufe* geht es also nicht mehr so sehr um die Quelle, sondern um die *Relevanz* und die *Bedeutung* des Bildes. Passt es zu der berichtsgegenständlichen Nachricht und um welche Nachricht handelt es sich eigentlich genau? Diese Fragen leiten unweigerlich zu jener Erkenntnis über, die im letzten Fall deutlich wurde. Die Zuschauer:innen nehmen die Berichterstattung anders wahr als die Journalist:innen, auch ihrem besonderen Blickwinkel, ihren Kapazitäten und Erwartungen muss der redaktionelle Prozess Rechnung tragen und genau das geschieht auf der *Ausgangsstufe*.

5.3.3 Die Ausgangsstufe: Form & Wirkung

Was wir von der Welt wissen, wissen wir durch die Medien. So lautet der programmatische Einstieg des Soziologen Niklas Luhmann in sein Werk zur Realität der Massenmedien. Diese Realität ist durchaus in einem doppelten Sinne zu verstehen: Massenmedien stellen Realität durch ihre Berichterstattung in einem durchaus konstruktivistischen Sinne her, gleichzeitig sind (Massen-)Medien selbst Realität: ihr Tun, ihr Unterlassen, ihre bloße Existenz hat echte, spürbare, mitunter lebensbedrohliche also mithin reale Auswirkungen. Dieser großen Verantwortung müssen die Journalist:innen nun auch noch unter immensen Zeitdruck gerecht werden und das gleich im doppelten Sinne. Zum einen gibt es strenge Zeitvorgaben, um sicherzustellen, dass dem Publikum zur gewohnten Sendezeit und in der üblichen Länge die Nachrichten präsentiert werden können. Zum anderen wird die Zeitspanne für die besonders in der *Durchgangsstufe* beschriebenen redaktionellen Abwägungsprozess durch Live-Streams und Veröffentlichungen auf den digitalen Plattformen immer kürzer. Diese Entwicklung setzt die Redaktionen unter Zugzwang.

Unter diesen Rahmenbedingungen findet die dritte Selektion auf der *Ausgangsstufe* statt. In ihr geht es darum, die vorliegenden Bilder und Berichte auf die vorgegebene Sendezeit anzupassen und aktuell auf hereinkommende Bilder und Informationen zu reagieren.[30] Was auf der Ebene der redaktionellen Verarbeitung ein großer Vorteil ist – sich etwa live in Pressekonferenzen schalten zu können – wird auf der *Ausgangsstufe* zum Problem. Wenn das Publikum gleichzeitig mit den Journalist:innen mit einem Ereignis konfrontiert wird, bleibt kein Raum mehr für die redaktionelle Einordnung. Die Redaktion kann im Extremfall die Deutungshoheit und damit die Kontrolle über die Wirkung der Berichterstattung verlieren, was insbesondere dann zum Problem wird, wenn die zu berichtende Entwicklung schwer vorauszusehen ist. So entschloss sich der US-amerikanische Fernsehsender CNN im Laufe der Präsidentschaft Donald Trumps bestimmte Pressekonferenzen des Präsidenten nicht mehr live zu übertragen, da es im Nachhinein (nahezu) unmöglich erschien, teilweise gefährliche Falschbehauptungen richtigzustellen und so negative Folgen der Berichterstattung zu begrenzen.

---

[30] So ändern sich die Längen der Nachrichtensendungen gerade am Vor- und Nachmittag von Tag zu Tag und erfordern so eine genaue Auswahl, welches Thema man weglassen muss, um ein neues Ereignis abbilden zu können.

5.3.3.1 Kurzschluss: Wenn die Eingangsstufe zur Ausgangsstufe wird

Die starke Beschleunigung des Nachrichtenzyklus durch digitale Plattformen macht die weiter oben beschriebene sorgfältige Prüfung zunehmend schwerer. Auch in den Redaktionen der Nachrichtensendungen ist die Herausforderung für die *CvD* immens gestiegen: allein in der Redaktion der *Tagesschau* laufen Live-Bilder von den Agenturen inzwischen auf mehreren Kanälen ein, die sowohl live gesendet werden können oder für die redaktionelle Auswertung mitgeschnitten werden. In solchen hoch angespannten, unübersichtlichen Situationen muss praktisch gleichzeitig entschieden und gesendet werden. Die sehr schnell verfügbaren Bilder und Videos, die zwar öffentliche Aufmerksamkeit auf sich ziehen, genügen aber den strengen journalistischen Standards (noch) nicht. Die Redaktion muss dann entscheiden, ob sie das Risiko eingeht, eine Falschmeldung zu verbreiten oder abzuwarten und schlimmstenfalls über eine Neuigkeit zu berichten, die den meisten schon bekannt vorkommt. Den Alptraum einer jeden Redaktion beschreibt ein langjähriger *CvD* der Tagesschau wie folgt:

> „Der Klassiker ist, dass irgendwo ein Schiff untergeht und 25 Sekunden später gibt es ein Bild auf Twitter, das das angeblich zeigen soll. Und zwei Stunden später stellt sich heraus, dass das Material von dem untergegangenen Schiff 15 Jahre alt ist."[31]

Auch der Fall des Amoklaufes eines 18-Jährigen in einem Einkaufszentrum in München im Juli 2016 veranschaulicht den redaktionellen Entscheidungsdruck angesichts des omnipräsenten Bildmaterials im Internet. Die ersten Bilder erreichten die Redaktion über die sozialen Netzwerke und wurden als authentisch verifiziert. Relativ schnell konnte das *Sendeteam* so auf das Material zugreifen, auf dem der Schütze auf dem Dach des Einkaufszentrums zu sehen war. So wurde es dann auch in den ersten Sendungen gezeigt – nicht unumstritten wie sich der damalige *CvD* der Sendung erinnert, auch weil es keine Zeit gab, die Entscheidungen zu reflektieren:

> „Wir gehen auf den Sender und die Reflektionen, ob wir diese Bilder zeigen oder nicht, ist praktisch unmöglich. Häufig verändern wir im Laufe eines Tages dann unsere Haltung und wollen diese Bilder dann nicht mehr zeigen. Ursprünglich haben wir diese Bilder gesendet, später kam dann Skepsis auf. […] Das [Zeigen der Bilder] muss situativ entschieden werden. Das ist sehr schwierig und das geht manchmal schief. Da ist der verantwortungsvolle Umgang mit Bildern schwieriger denn je, weil einen Moment innehalten kaum möglich ist."[32]

---

[31] Interview mit Andreas Hummelmeier, CvD der Tagesschau, am 14.01.2022.
[32] Ebd.

Während früher ein *CvD* für eine Sendung am Tag verantwortlich war und acht Stunden darauf hinarbeitete, abzuwägen, alle Quellen zu checken und diese Sendung zu füllen, hat sich dies heute fundamental verändert. Zum einen bedient eine Nachrichtenredaktion wie jene von ARD-Aktuell heute nicht nur eine, sondern etliche Sendungen am Tag, füllt einen 24-Stunden-Nachrichtenkanal und viele weitere Ausspielwege auf der eigenen Website und den digitalen Plattformen. Dazu hat sich der Konkurrenzdruck erhöht, weil immer mehr private Nachrichtensender immer schneller Eilmeldungen und Bilder auf den Markt werfen. Teilweise getrieben durch zahlreiche Live-Anwendungen der digitalen Plattformen, aber auch durch die Verfügbarkeit immer besserer Technologien zur quasi synchronen Verbreitung von Videos, steigt die Erwartungshaltung auf Seiten des Publikums, aktuelle Geschehnisse in Echtzeit verfolgen zu können.

5.3.3.2 Kriegsberichterstattung

In keinem Bereich unserer Lebenswelt ist die *Wirkung* der Berichterstattung so augenfällig wie bei Krieg und Gewalt. Gerade in vielen Ländern des globalen Nordens ist die Erinnerung an kriegerische Auseinandersetzungen, an Gräuel und Blutvergießen verblasst und wird erst seit kurzem durch den Krieg in der Ukraine wieder ins Bewusstsein gerufen. Auch für die Menschen dort findet der Krieg natürlich nicht nur, aber auch in den Medien statt. Die Berichterstattung warnt sie vor neuen Luftangriffen und gibt Auskunft über die Situation von Freund:innen und Bekannten. Diese Bilder können allerdings auch zur Gefahr werden, wenn sie etwa dem russischen Militär verraten, wie genau das anvisierte Ziel getroffen wurde oder welcher Schaden angerichtet worden ist. Aus diesen und anderen Gründen ist unser Bild vom Krieg immer selektiv und zwar anders noch als in vielen anderen Fällen, nicht bloß aus schierer Notwendigkeit, sondern ganz bewusst und absichtlich.

Angesichts der Fülle an Bildern und Videos vom Krieg gerät leicht in Vergessenheit, dass all diese Dokumente durch einen entscheidenden Nachteil verbunden sind. Sie können in den Betrachter:innen den Eindruck erwecken, man könne durch sie oder mit ihnen den Krieg verstehen. Sie versuchen einzufangen und zu fassen zu bekommen, was uns eigentlich nur fassungslos machen kann. Dennoch kann es richtig sein, solche Bilder zu zeigen und ihre Geschichte in einen Nachrichtenbeitrag zu übersetzen. Dies setzt aber voraus, dass eine solche Entscheidung ganz bewusst, wohl überlegt und aus guten Gründen getroffen wird. Eine Redaktion muss deshalb stets die Frage klären, ob der durch den Beitrag generierte Erkenntnisgewinn beim Publikum die mit Bildern untrennbar einhergehenden Verzerrungen, Akzentuierungen und Fokussierungen rechtfertigt. Durch die Berichterstattung wird ein bestimmtes Bild zur Normalität des Publikums und prägt durchaus folgenreich dessen Verständnis und Positionierung dazu.[33] Dies machen sich die Redaktionen immer wieder bewusst:

> „Wir setzen Bilder nicht ein, um aufzurütteln. Das ist ein Effekt, der sich sofort verbraucht. Der Zuschauer am Fernseher zu Hause hat ein Gefühl von Ohnmacht, wenn er das sieht. Und je öfter er das sieht, desto schneller stellt sich Gleichgültigkeit und Ohnmacht ein, dass darüber hinweg geguckt wird."[34]

5.3.3.3 Die Wirkungsprüfung

Bei der *Wirkungsprüfung* geht es abschließend darum zu beurteilen, ob die Bilder jenes Verständnis vermitteln, das sich auf der *Durchgangsstufe* etwa zwischen Reporterin vor Ort und dem bearbeitenden Redakteur herauskristallisiert hat. Mithin soll sichergestellt werden, dass die Berichterstattung den gewünschten Effekt erzielt – etwa Hintergründe eines Konfliktes vermitteln – und nicht das Publikum abstumpfen lassen. Dies ist jedoch oftmals leichter gesagt als getan und so muss es zumindest darum gehen, die naheliegendsten Fehlinterpretationen zu vermeiden und die unterschiedlichen Effekte wenigstens auszubalancieren. Gerade bei Kriegsberichterstattung, die sich über mehrere Monate oder Jahre hinzieht, wird man es kaum vermeiden können, auch zu einer gewissen öffentlichen Gewöhnung einen Beitrag zu leisten. Diese und ähnliche Problemlagen fordern den redaktionellen Abwägungsprozess immer wieder heraus.

Diese Diskussionen kosten allerdings Zeit und die steht in unseren medialen Erregungsgesellschaften[35] in immer geringerem Umfang zur Verfügung. Die Frage, ob es vertretbar ist, das Publikum mit bestimmten Bildern zu konfrontieren, wird schnell obsolet, wenn das fragliche Material über Kommunikationsnetzwerke und Plattformen bereits weit verbreitet wurde. Und doch spricht einiges dafür, sich diese Frage dennoch zu stellen. Denn zum einen ist es ein Unterschied, ob irgendwo im Netz grauenerregende Videos kursieren oder die *Tagesschau* sie in ihrer Sendung einem Millionenpublikum präsentiert. Zum anderen fungieren die großen Medienhäuser als Vorbilder einer zunehmend redaktionellen Gesellschaft,[36] die durch den Nachrichtenkonsum vorgeführt bekommt und so lernen kann, auf welche Weise öffentlich über Erschreckendes kommuniziert werden kann.

---

[33] Sieh dazu Liefke (2024, 226 f.).
[34] Interview mit Andreas Hummelmeier, CvD der Tagesschau, am 14.01.2022.
[35] Pörksen (2018).
[36] Pörksen (14.02.2018); Hartley (2000).

5.3.3.4 Die Zumutbarkeit der Bilder

Neben der bereits eingeführten Frage nach der Würde und den Persönlichkeitsrechten der Abgebildeten, deren Achtung und Schutz grundsätzlich gewährleistet sein muss, spielen die Auswirkungen auf das Publikum eine entscheidende Rolle. Diese lassen sich in zwei Dimensionen unterteilen, die zwar miteinander zusammenhängen, aber jeweils eigene Zugänge zum Bildmaterial erlauben. Zum einen geht es darum, ob das Material tatsächlich geeignet ist, ein zutreffendes Bild der Lage zu vermitteln und das Publikum mit einer Realität in Kontakt zu bringen, die ihnen ansonsten verborgen geblieben wäre. In einem Interview mit der Wochenzeitung ZEIT beschreibt der deutsche Kriegsfotograf Christoph Bangert diese Herausforderung so:

> „Es gibt einen großen Graben zwischen denen, die Kriegssituationen erlebt haben, und denen, die sich das überhaupt nicht vorstellen können. Unsere Aufgabe ist es, diesen Graben zu überwinden."[37]

Zum anderen müssen sich die Redaktionen fragen, welchen Preis ihr Publikum für dieses mehr oder minder authentische Bild von Kriegs- und Krisensituationen bezahlt. Dieser kann einerseits in einer sich stetig aufbauenden Gleichgültigkeit liegen, mit der das Leid der anderen zur Kenntnis genommen wird, andererseits kann er sich bis auf posttraumatische Belastungsstörungen (PTBS) erstrecken, die nicht allein bei unmittelbar Beteiligten auftreten können.[38] Es kann in diesen Fällen bezogen auf die psychischen Folgen keinen Unterschied machen, ob man das Grauen des Krieges vor Ort erfährt oder am Bildschirm miterlebt.

Ein besonders prägnantes Beispiel liefert eine Journalistin des ZDF, die viele Jahre als *CvD* gearbeitet hat. Mit Blick auf eine Sendung aus dem Jahr 1998 beschreibt sie eine Situation, in deren Verlauf kurzfristig über gerade noch eintreffendes Bildmaterial entschieden werden musste. Die fragliche Szene, die von der Nachrichtenagentur APTN zur Verfügung gestellt wurde, zeigt kongolesische Soldaten, die einen ver-

---

[37] Fentloh (01.07.2014).

[38] Besonders gut erforscht ist dieses Phänomen bei Drohnenpiloten, unter denen laut Studien des amerikanischen Verteidigungsministerium PTBS etwa genauso häufig auftreten wie unter regulär kämpfenden Soldatinnen und Soldaten. Siehe bspw. Chappelle et al. (2014). Auch Redakteur:innen, die mit der Sichtung der Agentur-Feeds oder der digitalen Kanäle beauftragt sind, benötigen immer häufiger psychologische Unterstützung bei der Verarbeitung des Gesehenen. Bruce Shapiro und Gavin Rees vom DART Center for Journalism & Trauma beschreiben in ihren Forschungen, wie gerade Journalist:innen von solchen Bildern traumatisiert werden können und haben eine Anleitung entwickelt, wie mit solchen Bildern besser umgegangen werden kann. Vgl. https://dartcenter.org/content/working-with-traumatic-imagery.

Abb. 5.5 Soldaten schießen von einer Brücke in Kinshasa. (Quelle: AP)

meintlichen Rebellen von einer Brücke in einen Fluss werfen und ihm hinterher schießen.[39] Die Bilder selbst lassen dabei wenig Zweifel am Schicksal des Mannes, der Sekunden nach der abgebildeten Einstellung noch in Nahaufnahme gezeigt wird, während die Patronen in seiner unmittelbaren Nähe einschlagen. Die Bilder sind nicht wie ansonsten üblich aus der Distanz aufgenommen oder zeigen einen Überblick der Lage. Vielmehr ist zu erkennen, dass die filmende Person direkt neben den Soldaten steht, was später die Frage aufkommen lässt, ob sich diese aufgrund der medialen Aufmerksamkeit zu diesem besonders brutalen Vorgehen ermutigt gefühlt hatten. (Abb. 5.5)

Innerhalb von Minuten musste damals geklärt werden, ob das kurze Video geeignet war, die Lage in Kinshasa zu Beginn des zweiten Kongokrieges zutreffend zu beschreiben und ob es vertretbar ist, diese Bilder auch zu veröffentlichen. Beides bejahten die Sendungsverantwortlichen und präsentierten den Bericht dem Millionenpublikum der Abendnachrichten.

---

[39] Das Material ist immer noch auf YouTube abrufbar unter: https://www.youtube.com/watch?v=pB4BsoNLvT8 Stand: 08.09.2023.

5.3 Die drei Limitationen der Redaktion

Wer auf die Schnelle entscheiden muss, der achtet oft nur auf das Offensichtlichste, das auch im vorliegenden Fall den Ausschlag gab: zu sehen war die unglaubliche Brutalität der Soldaten wie sie den tatsächlichen Verhältnissen entsprach, vermittelt in Bildern, auf denen kein Blut spritzte oder Leichenteile in Flammen standen, wie einige Sekunden zuvor im selben Video von AP. Und doch hagelte es Kritik aus dem Publikum:

> „Bei allem Verständnis für den journalistischen Anspruch, die Realität in den Nachrichten zu schildern, ist die Sendung von Filmaufnahmen, in denen die gewaltsame Tötung eines Menschen gezeigt wird, nicht akzeptabel."[40]

So äußerte sich etwa der damalige FDP-Generalsekretär und spätere Außenminister Guido Westerwelle in einem Brief an den ZDF-Intendant Dieter Stolte. Dieser entschuldigte sich unmittelbar für diesen ‚Fehler', der aufgrund des enormen Zeitdrucks unterlaufen sei und räumte ein, man habe die „gebotene Zurückhaltung" vermissen lassen.[41]

In der Redaktion ist man sich in der Regel der ‚Macht der Bilder' jedoch sehr bewusst, die oftmals stärker wirken können als der Text. Man versucht deshalb immer wieder abzuwägen, was zumutbar, inszeniert oder notwendig ist. Wichtig ist für die *CvD* deshalb die Einbettung der Bilder in einen Zusammenhang, der den Zuschauer:innen erklärt werden muss.

Auf der dritten und letzten Stufe des redaktionellen Prozesses, der *Ausgangsstufe*, haben wir gesehen, dass das Publikum also stärker als zuvor in den Blick genommen wurde. Gerade dessen Perspektive muss die Redaktion immer wieder antizipieren und jener gegenüberstellen, die von den Korrespondenten und Reporterinnen vertreten wird. Längst nicht jedes Bild, das als authentisch identifiziert und als relevant für einen Beitrag eingeordnet wurde, kann über den Sender gehen, wie ein *CvD* eindrücklich beschreibt:

> „Wenn unsere Korrespondenten vor Ort waren, sind sie häufig sehr viel vehementer in der Forderung, auch das Schlimme zu zeigen. Beim Bürgerkrieg der Huthi gegen die Tutsi in Zentralafrika z. B. waren zwei ARD-Korrespondentinnen vor Ort, die die Gräueltaten selbst mit ansehen mussten. „Das haben wir erlebt, das müssen wir zei-

---

[40] Die Tageszeitung (29.08.1998).
[41] Ein weiterer Aspekt beschäftigt die Beteiligten aber nach wie vor: Welchen Anteil hat die Berichterstattung selbst an der abgebildeten Brutalität? Ist es vorstellbar, dass die Soldaten allein durch die Anwesenheit der Reporter und Kameraleute angestachelt wurden, besonders rücksichtslos vorzugehen, ein Exempel zu statuieren?

gen", hieß es deutlich von den Reporterinnen. Die Redaktion war allerdings anderer Meinung: „Natürlich muss man die Situation deutlich machen, aber es gibt eine Grenze. Wir zeigen nicht, wie vor laufender Kamera jemand mit einer Machete abgeschlachtet wird. Hier gibt es klare Regeln im Umgang mit Bildern und die besagen, dass Bilder so zurückhaltend wie möglich gezeigt werden."[42]

Was hier abschließend verhandelt wird, betrifft somit auch die Zumutbarkeit des Bildmaterials und welche *Wirkung* seine Präsentation auf das äußerst vielgestaltige Publikum haben kann. Nicht selten werden solche Diskussionen mit Fragen hinsichtlich der *Relevanz* des Materials verwoben, sodass eine scharfe Unterscheidung zwischen *Durchgangs-* und *Ausgangsstufe* schwerfällt. Gleiches gilt auch für die Authentizitätsprüfung auf der *Eingangsstufe*, die nicht selten noch in vollem Gange ist, wenn die inhaltliche Auseinandersetzung im jeweiligen *Sendeteam* bereits beginnt.

5.4 Fazit: Der dreifache Bilder-Check

Die den redaktionellen Prozess insgesamt prägenden und oben beschriebenen Selektionen haben ganz konkrete Auswirkungen auf die Bilderauswahl, die sich in den folgenden Anforderungen zusammenfassen lassen:

1. Verfügbarkeit & Authentizität → *Eingangsstufe*
2. Relevanz & Bedeutung → *Durchgangsstufe*
3. Form & Wirkung → *Ausgangsstufe*

Diese Anforderungen lassen sich analytisch dem dreistufigen redaktionellen Prozess zuordnen, wobei zu beachten ist, dass im Alltag Überlappungen und Verschiebungen beobachtet werden können. Hat das Bildmaterial den redaktionellen Prozess jedenfalls auf die ein oder andere Weise durchlaufen, wurde hinsichtlich *Verfügbarkeit & Authentizität*, *Relevanz & Bedeutung* sowie *Form & Wirkung* geprüft, haben die Journalist:innen gewissermaßen Kontrolle über die Bilder erlangt und so jenes Vertrauen in die eigene Arbeit gewonnen, das nötig ist, um diese zu veröffentlichen. Dass diese Veröffentlichung trotz aller Versuche der Einhegung ein Wagnis bleibt, wie es die politische Theoretikerin Hannah Arendt[43] beschreibt, zeigen die großen Themen unserer Zeit, die natürlich auch in den Nachrichten ihre Spuren hinterlassen haben. Mit Blick auf Krieg und Klima zeigt sich die zum Teil eigenwillige Macht der Bilder

---

[42] Interview mit Andreas Hummelmeier, CvD der Tagesschau, am 14.01.2022.
[43] (1958).

5.4 Fazit: Der dreifache Bilder-Check

besonders deutlich. Diese Themen sensibilisieren für den mitunter unbewussten Einfluss, den Bilder auf unsere Wahrnehmung der Welt ausüben. Es sind Einflüsse und Wirkungen, die der journalistischen Kontrolle entzogen sind und die unser kollektives Problembewusstsein genauso zu wecken wie zu narkotisieren[44] im Stande sind. Bilder entfalten teils ungeahnte Macht über uns, die sich aus zwei sehr unterschiedlichen Quellen speist. Bilder und Videos erscheinen als ultimative Beweismittel – was sie nicht zeigen können, das gibt es auch nicht. Gleichzeitig wurden sie genau deshalb zum Gegenstand vielfältiger Manipulationsversuche, die uns gelehrt haben, unseren Augen nicht mehr zu trauen. Wer weder naiv noch zynisch auf die Bilder in den Nachrichten blicken möchte, sollte sich deshalb nicht nur den Entstehungsprozess vor Augen führen, sondern sich auch die Wirkung und den strategischen Einsatz von Bildern vergegenwärtigen. Beides gemeinsam wappnet für einen verantwortlichen Umgang mit visuellen Medien, die uns heute mehr denn je begegnen.

---

[44] Lazarsfeld und Merton (1957).

Die Macht der Bilder 6

Wir haben bis hierher dargestellt, welch komplexer Prozess notwendig ist, damit Bilder produziert, von den Redaktionen bearbeitet und allabendlich den Zuschauer:innen zu einer Sendung zusammengestellt werden können. Ausgeblendet haben wir dabei die häufig die Frage, wie Bilder auf uns wirken? Sind die Bilder neutral? Und wenn nicht, was können Bilder bei uns auslösen und aus welchem Grund? Welche Macht haben die Bilder (über uns)? Auch mit diesen Fragen müssen sich Nachrichtenredaktionen – und zunehmend auch ein aktives und selbstbewusstes Publikum – beschäftigen.

Nimmt man die Produktion der Nachrichtenbilder als Ganzes in den Blick und vergleicht diesen Einblick mit der alltäglichen Erfahrung des Konsums dieser Bilder auf digitalen Plattformen, in Apps oder dem Fernsehgerät, tritt ein deutlicher Widerspruch zu Tage. Auf der einen Seite ist da ein hochgradig arbeitsteiliger Prozess, der von der Fokussierung auf bestimmte Berichtsgebiete aus wirtschaftlichen Gründen bis hin zu unter Zeitdruck gefällten redaktionellen Fehlentscheidungen mehr als genug Veranlassung zum Misstrauen böte. Auf der anderen Seite erscheint das fertige Produkt wie aus einem Guss und schmiegt sich so nahtlos an das eigene Weltbild an, dass in der Regel keine Fragen offenbleiben. Und genau so ist es beabsichtigt. Wer Bilder für Massenmedien produziert, muss sicherstellen, dass sie derart verständlich erscheinen, dass eine unbekannte Vielzahl von Zuschauer:innen gleich beim ersten Hinsehen begreift, worum es geht. Das Anhalten und abermalige Ansehen der Bilder ist ebenso wenig gewünscht wie das Erregen von Verständnisfragen, die sich zumindest im linearen Fernsehen nicht unmittelbar klären lassen.[1]

---

[1] Diese geschmeidige Konsumfreundlichkeit, die gerade Fernsehinhalten ganz grundsätzlich eigen ist, führte den amerikanischen Kommunikationswissenschaftler Neil Postman (1987) zu seiner häufig zitierten Kritik: We are amusing ourselves to death. Bezogen auf Nach-

Die Wirkungsforschung zeigt in diesem Zusammenhang, dass unser Gehirn Informationen überwiegend visuell wahrnimmt. Bilder werden in der Regel sofort verarbeitet und ‚verstanden' und bleiben länger im Gedächtnis als reiner Text.[2]

Mit anderen Worten: die Bilder haben einen großen Einfluss auf uns und sind häufig „mächtiger" als der begleitende Text. Schon im Journalistik-Studium oder im Volontariat lernen angehende Journalist:innen deshalb die Gefahr der „Text-Bild-Schere" kennen: es gilt dabei darauf zu achten, dass die Informationen in Bild und Text nicht auseinander gehen, da die Bilder sehr viel stärker wirken können als der Text. Würde man z. B. einen Fernsehbeitrag über fehlende Ampeln an einer Straße machen und dabei eine Straße mit vielen Ampeln zeigen, bliebe bei den Zuschauenden die Straße mit den vielen Ampeln viel deutlicher im Gedächtnis als die durch den Text vermittelte Botschaft hinsichtlich der fehlenden Ampeln.

Für Fernseh-Nachrichtenredaktionen bedeutet das, dass sie ein gehöriges Maß an Aufmerksamkeit darauf verwenden müssen, ob Bilder so stark und/oder emotional sind, dass sie die Information, die über einen Bericht transportiert werden soll, nicht ‚überpowern' oder an die Wand drücken. So kann die Redaktion unter Umständen entscheiden, dass es unnötig ist, schockierende Bilder zu zeigen, weil ihnen die Vermittlung von Informationen wichtiger ist als die Provokation von Reaktionen.

6.1 Visual Framing

Die Methode, durch die Bilder ihren oftmals subtilen Einfluss erhalten, bezeichnet man auch als *Framing*. Dieses Konzept sensibilisiert für den Umstand, dass es sich bei Abbildungen und nicht zuletzt auch bei Fotografien und Videos nicht in erster Linie um objektive Repräsentationen der Realität handelt.

Der US-amerikanische Präsident Joe Biden etwa erscheint in Bildern und Videos alt und gebrechlich. Er hat Mühe, sich zu bewegen, stolpert und zittert. Dieser Eindruck wirkt so stark, dass man die gesamte Person auf die wenigen Aspekte reduziert und dabei verkennt, dass diese nicht zwingend repräsentativ für andere Qualitäten des Präsidenten sein müssen. Gefährlich werden Bilder also, wenn die mit ihnen stets

---

richteninhalte stellte er fest, das Problem sei nicht die Konfrontation von unterhaltsamen Inhalten, sondern dass alle Inhalte als unterhaltsam dargestellt werden. Die Leichtigkeit des Konsums täuscht darüber hinweg, dass es sich bei Nachrichtenbildern um hochgradig verund bearbeitete und damit sehr voraussetzungsreiche Inhalte handelt. Diesem Umstand entsprechen die vielschichtigen Wirkungen, welche die Bilder zu entfalten im Stande sind.

[2] Siehe dazu den so genannten *picture superiority effect*: Whitehouse et al. (2006); Maisto und Queen (1992); Childers (1986); Childers und Houston (1984).

einhergehende Reduktion der Komplexität nicht mitgedacht wird und ein bestimmter Eindruck (ein Bild) als stellvertretend für das Ganze (die Realität) verstanden wird.

Bilder stellen so immer auch eine normative Aussage dar, die uns auffordert, die Welt auf eine bestimmte Weise wahrzunehmen. Bilder (re-)produzieren damit eine soziale Bedeutungsstruktur, die von Betrachtenden wiedererkannt werden kann. Infolgedessen wird ein bestimmtes Verständnis oder ein Blick auf die Welt nahegelegt, bestätigt oder perpetuiert. Hinweise darauf, welche Rahmung der Ereignisse jeweils gemeint ist, finden sich in der visuellen Formensprache vom Bildausschnitt bis zur Dramaturgie der Bildfolge. Besonders eindrücklich lassen sich die Folgen dieses *Framings* am Beispiel der beiden großen existenziellen Fragen unserer Zeit erläutern: Krieg und Klimakrise.

6.2 Emotionale Bilder

Wie schwierig die Gratwanderung für Redaktionen sein kann, mit emotional aufgeladenen Bildern umzugehen, wurde bereits im Redaktionskapitel (Kap. 5) deutlich: So drangen die Korrespondent:innen des ZDF darauf, grausame Bilder aus dem Kongo zu zeigen, um die Dramatik der Situation deutlich zu machen – die Redaktion entschied sich nach kontroverser Debatte dafür und wurde damit zur Zielscheibe öffentlicher Kritik. In der *Ausgangsstufe* des redaktionellen Prozesses wird deutlich, wie diffizil der Abwägungsprozess ist, welche Bilder eingesetzt und welche bewusst weggelassen werden, weil sie zu drastisch sind. Neben der Kriegsberichterstattung sind es vor allem Nachrichten zu Krisen und Katastrophen, bei deren Herstellung zwischen der Bildgewalt und der Gewalt in den Bildern abgewogen werden muss.

Zu den emotional stark wirkenden Bildern, die von vielen Redaktionen gezeigt wurden, zählen vor diesem Hintergrund auch die Särge mit Toten in Bergamo und Umgebung zu Beginn der Corona-Pandemie. Weil die italienische Regierung nicht mehr wusste, wo man die vielen Toten bis zur Beerdigung lassen sollte, wurden ihre Särge in Kirchen und Lagerhäusern gesammelt. (Abb. 6.1)

Entscheidend war jedoch, dass diese Bilder oft in eine Geschichte eingebettet, von den Reporter:innen mit O-Tönen versehen waren und nicht alleine standen. Diese quasi *ikonischen Bilder* wirkten zwar stark emotional, machten aber auf diesem Weg deutlich, welche Gefahr von dem neuen Virus ausging und wurden so zu einem Auslöser für eine Debatte über die Verschärfung der Corona-Maßnahmen, auch in Deutschland.

Nach den Anschlägen auf das World Trade Center am 11. September 2001 wurde immer wieder die Frage gestellt, ob die Bilder von den einstürzenden Türmen oder den aus den Fenstern springenden Menschen zu grausam seien, um in Fernsehsendungen gezeigt zu werden. So wurde argumentiert, dass es den Terroristen genau darum ginge, dass diese Bilder möglichst oft wieder gezeigt würden.

Abb. 6.1 Särge in einer Kirche in Bergamo. (Quelle: Imago/Independent Photo Agency Int)

„Am Effektivsten, im Sinn der Akteure, ist die Verbreitung der Bilder, wenn möglichst viele Menschen das Gefühl haben, dass es auch sie hätte treffen können, und somit die Verunsicherung und Angst groß ist, beziehungsweise potentielle Sympathisanten dadurch beeindruckt werden können."[3]

Allerdings müssen Nachrichtenredaktionen dabei bedenken, dass Bilder stets in irgendeiner Weise „inszeniert" sind, wie der ehemalige Chefredakteur von ARD-aktuell deutlich macht:

„Das ganze Leben [ist] eine Inszenierung […] Eine Bundestagsdebatte ist eine Inszenierung, eine Pressekonferenz ist eine Inszenierung, da wird für Kameras ein bestimmtes Setting gebaut […] auch das was Terroristen machen ist eine Inszenierung und dann ist es wichtig schon auch den Leuten zu sagen, was wir nach all unseren Recherchen wissen, was das Ziel und die Absicht dieser Inszenierungen ist – nämlich Angst und Schrecken zu verbreiten."[4]

---

[3] Charlotte Klonk in einem Interview https://www.forschung-und-lehre.de/zeitfragen/bilder-des-terrors-sind-gleich-geblieben-4000.
[4] Interview Kai Gniffke vom 19.05.2017.

Wichtig ist also, wie oben beschrieben, die Einbettung der Bilder in einen Text und die damit verbundene Kontextualisierung, die dem Publikum auch Deutungsansätze anbietet. Dabei kann es niemals darum gehen, inszenierte Bilder grundsätzlich von der Berichterstattung auszuschließen, sondern dafür zu sorgen, dass der Entstehungszusammenhang und möglichweise verborgene Absichten für das Publikum nachvollziehbar werden.

6.3 Inszenierte Bilder

Gerade die von den bereits erwähnten *Poolkameras* hergestellten Bilder sind häufig hochgradig inszeniert und dazu geeignet, eine gewisse Perspektive auf ein Ereignis zu vermitteln, welche bspw. die sie zur Verfügung stellende Institution in einem positiven Licht erscheinen lässt. Bei der Trauerfeier für die verstorbene Queen Elisabeth II bestanden Angehörige des britischen Königshauses darauf, dass bestimmte Szenen der Live-Trauerfeier in Zusammenfassungen der abendlichen Nachrichten nicht noch einmal zu sehen sein sollten. So mussten die live übertragenden britischen Sender ITV, BBC und Sky der königlichen Familie zusichern, auf Wunsch diese Szenen aus ihren Zusammenfassungen zu streichen. Mehrere Medien berichteten danach übereinstimmend, dass fünf solcher Ausschnitte als „unpassend" eingestuft wurden, die Liste den Sendern übermittelt wurde und diese sie dann nachträglich aus dem Poolmaterial entfernten.[5] Da weltweit alle Sender dieses Material von den britischen Sendern als *Poolbild* erhielten und an dieselben Regeln gebunden waren, sind diese Szenen heute nirgends mehr in den Archiven zu finden.

In anderen Situationen von staatlich kontrollierten Bildern werden diese so inszeniert, dass sie eine deutliche Wirkung auf die Zuschauer:innen haben. Als der russische Präsident Putin zu Beginn des Ukraine-Kriegs erst den französischen Präsidenten Macron und dann Bundeskanzler Scholz in Moskau empfing, mussten beide an einem riesigen Tisch, sechs Meter entfernt von Putin Platz nehmen. Während offiziell von drohender Corona-Angst die Rede war, waren sich Beobachter:innen sicher, Putin wisse um die „Macht der Inszenierung".[6] Er wolle mit diesem Bild die maximale Entfernung der Positionen im Ukraine-Krieg auch optisch deutlich machen. (Abb. 6.2)

---

[5] Siehe dazu: https://www.theguardian.com/uk-news/2022/sep/22/royal-family-veto-footage-coverage-queen-elizabeth-ii-funeral.

[6] Siehe dazu: https://www.theguardian.com/uk-news/2022/sep/22/royal-family-veto-footage-coverage-queen-elizabeth-ii-funeral.
n-putins-bizarre-kommunikation.

Abb. 6.2 Vladimir Putin und Olaf Scholz an einem Konferenztisch im Kreml in Moskau. (Quelle: Imago/ZUMA Wire)

Eindeutig inszeniert war auch das vom Kreml hergestellte Bild des Besuchs des chinesischen Regierungschefs Xi in Moskau. Die Kamera zeigte im über die Agenturen verbreiteten Poolbild, wie Xi zunächst einmal eine lange Treppe hinaufsteigen musste. Genüsslich verweilte die Kamera auf dem chinesischen Staatsoberhaupt, dem dieser Weg hinauf zum Herrn des Kremls zugemutet wurde. Danach schreiten beide Staatschefs aufeinander zu, durch einen fast menschenleeren Riesensaal unter Kronleuchtern. Beim Abspielen der Nationalhymnen steht Putin ein Stück weiter auf Xis Seite, drängt ihn etwas aus der Mitte des Bildes.

Aufnahme-Perspektive und Schnittfolge können ebenfalls die Wahrnehmung von Bildern beeinflussen: eine Kameraposition von unten lässt eine Person größer und damit überlegen dastehen. Auch dies ist ein Effekt, der Journalist:innen schon in der Ausbildung beigebracht wird und der mitunter in den Feuilletons zu Kritik an den Nachrichtensendungen führt. So auch in einem Artikel der FAZ zum Besuch einer EU-Delegation in Tunesien im Sommer 2023, in dem es heißt:

> „aus der Untersicht wird der Aufmarsch der EU-Vertreter gezeigt, die über den roten Teppich eines Rollfeldes schreiten, als wollten sie wie in „Independence Day" die Welt erobern."[7]

---

[7] Stegemann (10.08.2023).

6.3 Inszenierte Bilder

Abb. 6.3 Poolbild G7-Treffen auf Schloss Elmau. (Quelle: Imago/Political-Moments)

Da individuelle Kameras den Besuch nicht begleiten durften, waren alle Sender auf diese Bilder der EU-*Poolkamera* angewiesen (siehe Abschn. 3.6), wenn sie über dieses Ereignis berichten wollten. Ob diese Perspektive bewusst von den Kameraleuten eingenommen wurde oder sich aus einer Situation vor Ort ergab, kann nur die Videoabteilung der Europäischen Union beantworten.

Unabhängig von der Frage, ob diese Bilder inszeniert waren oder nicht, sind die von *Poolkameras* gelieferten Ankünfte bei EU-Gipfeln, Shake-hands beim G7-Treffen oder der Eröffnung eines neuen Flughafens grundsätzlich als inszenierte Bilder zu betrachten. Schon in den 1960er-Jahren kritisierte Hans Magnus Enzensberger, diese Bilder zeigten immer wieder die gleiche Reihenfolge lächelnder Staats- und Regierungschefs, die gegenseitig die Hände schüttelten, und seien deshalb überflüssig. Der Informationsgehalt tendiere gegen Null. (Abb. 6.3)

Eine ganz besondere Form der inszenierten Bilder stellt der sogenannte *embedded journalism* bereit: Die ‚eingebetteten' Journalist:innen tauchen erstmals 2003 im Zusammenhang mit dem Irakkrieg auf. Damals band die US-amerikanische Regierung Journalist:innen in ihre militärischen Einheiten ein, die unter der Kontrolle der US-Army über die Kriegshandlungen berichten sollten. Die USA trugen damit der öffentlichen Kritik in den Medien Rechnung, die ihr die fehlende Berichterstattung über den Krieg am Golf und in Afghanistan eingetragen hatte. Die Journalist:innen im Irakkrieg waren zwar formal unabhängig, mussten sich jedoch dem militärischen Regelkatalog für solche Kriegseinsätze unterwerfen.[8] Entscheidend aber war, dass die Korrespondent:innen nur die Orte zu sehen bekamen und von dort berichten konnten, die die Armee ausgesucht hatte, was ihre Handlungsoptionen stark einschränkte und die Berichterstattung einfärbte.

6.4 Bilder vom Krieg

In der Berichterstattung über Kriege ist die Wirkung von Bildern besonders brisant – hängt doch oftmals gerade davon die Unterstützung eines Feldzugs durch die heimische Bevölkerung ab. Angesichts des Krieges und des strategischen Einsatzes von Informationen und insbesondere von Fotos und Videos erhält deshalb die Frage nach Verifikation, Auswahl, Kontextualisierung und Veröffentlichung von Bildmaterial eine ganz besondere Dramatik. Die sehr stark um Neutralität bemühten Nachrichtenredaktionen des Westens müssen einsehen, dass es kein unschuldiges, kein unvoreingenommenes, kein objektives Material aus dem Krieg gibt.

6.4.1 Der aseptische Krieg

Weit verbreitet und dennoch nicht unumstritten ist die Vorstellung, dass Bilder von Kämpfen und getöteten Menschen eher eine Abscheu gegen einen Krieg auslösen – zumindest bei entsprechender politisch-kultureller Einbettung.[9] Der Zweite Golfkrieg, indem von den USA angeführte Truppen gegen den Irak vorgingen, sollte deshalb ein „sauberer" Krieg sein. Von der Mission ‚Dessert Storm' wurde so hauptsächlich in Form von grünlichen Nachtsichtaufnahmen berichtet. In Erinnerung sollten die präzisen Laser-gestützten Raketenangriffe bleiben. Aus großer Höhe sah man die Zerstörung von Fabriken, Panzern und Infrastruktur, aber nicht das menschliche Leid. Diese Bilder sind weit entfernt von der Forderung des Kriegsfotografen Christoph Bangert, der sich dafür einsetzt, die Schrecken der Kämpfe in ihrer vollen Härte zu zeigen.[10]

---

[8] Siehe mehr dazu unter: https://deutschejournalistenakademie.de/journalismus-lexikon/embedded-journalism/.
[9] Sontag (2017); Butler (2016); Arpan et al. (2006).
[10] Bangert (2014).

6.4.2 Zweifelhafte Bilder vom Krieg

Wenn heutzutage etwas von einigermaßen weitreichender Bedeutung geschieht und auf den digitalen Plattformen oder in den klassischen Nachrichtenmedien darüber Bericht erstattet wird, geschieht dies mit Bildern. Bleiben diese Bilder aus, wirkt jede Einordnung wie eine Mutmaßung, erscheinen Fakten wie Meinungen, denen jederzeit widersprochen werden kann oder zu denen man sich gleich gar nicht äußert.

Es kann deshalb im Sinne einer der kriegführenden Parteien sein, irreführende Bilder zu produzieren und damit Zweifel auszulösen und Verwirrung zu stiften.[11] Bei der Annexion der Halbinsel Krim fehlten Bilder von russischen Panzern und Truppenverbänden, die Städte einnehmen und ihre Fahne hissten. Stattdessen waren nur die inzwischen berühmt gewordenen ‚grünen Männchen' zu sehen. Ihre Uniformen trugen keine Hoheitszeichen, ihre Panzer ließen sich nicht einwandfrei zuordnen und eine Fahne hissten sie erst recht nicht.[12] Im Nachrichtentext war zwar von russischen Soldaten die Rede, im Bild sah man jedoch Militärs ohne die entsprechende Flagge auf dem Ärmel. (Abb. 6.4)

Abb. 6.4 Soldaten ohne Hoheitszeichen auf der Krim. (Quelle: Imago/Pond5 Images)

---

[11] Zur medialen Kategorisierungsarbeit im Ukraine-Krieg siehe Liefke (2018).
[12] In seinem Buch „The Road to Unfreedom" erklärt Timothy Snyder (2018), Historiker an der Yale-University und Osteuropa-Experte, am Beispiel der russischen Aggression gegen die Ukraine, wie sich die russische Führung eine im Journalismus westlicher Prägung verbreitete Haltung zunutze macht: in der Berichterstattung zu strittigen und konflikthaften Themen stets beide Seiten zu zeigen und so ein Einfallstor für verfälschende und schlicht unrichtige Perspektiven zu öffnen.

Zu dieser Strategie gibt es noch eine zweite Variante: statt echter russischer Truppen, die inkognito agieren, kann man auch Separatist:innen mit echten Uniformen ausstatten und für Aufregung sorgen lassen, wie es in Luhansk geschehen ist. Nach der Veröffentlichung der Bilder, die eine russische Präsenz in der Ukraine bestätigen sollten, konnte Russland die westlichen Medien für ihre mangelhafte Recherche an den Pranger stellen, die nicht erkannten, dass es sich bei dem vermeintlichen Oberst um einen russischen „Hauptmann von Köpenick"[13] gehandelt hat, der die Medien zum Narren hielt.

Der strategische Umgang mit Bildern war auch im Fall des Kommandeurs der Schwarzmeerflotte Viktor Sokolov zu beobachten, nachdem das ukrainische Militär dessen Tod durch einen Luftangriff verkündete. Zunächst reagierte Moskau mit absolutem Stillschweigen auf die Meldung, um dann einige Tage später Videomaterial zu lancieren, das den Admiral im Rahmen einer Militärkonferenz und später bei der Ehrung einer Fußballmannschaft zeigte. In beiden Fällen konnte nicht geklärt werden, ob es sich um aktuelles und authentisches Material handelt. Doch eines blieb auch in diesem Fall: Zweifel. Sogar die ukrainische Militärführung erklärte daraufhin, ihre eigene Meldung vom Tod des Admirals überprüfen zu lassen.

All diese Maßnahmen verfolgen ein gemeinsames Ziel: den Augenschein zweifelhaft werden zu lassen und jedes denkbare Szenario unter Verdacht und Vorbehalt zu stellen. Vielleicht ist es so, vielleicht ist es nicht so – wer weiß das schon? Selbst zu einem Zeitpunkt, da allen Beteiligten klar war, wer die Ukraine überfallen hatte und dass hinter false- oder besser no-flagg-operations die gleichen Kräfte steckten, die auch die offenen Kriegshandlungen angeordnet hatten, überließ man immer wieder insbesondere Präsident Putin die Bühne, um im Brustton der Überzeugung als Fakt zu behaupten, was zweifelsohne eine Lüge war und zusätzlich keinerlei Anspruch auf Kohärenz erhob. Dass man mit allem nichts zu tun hatte, dass man vielleicht doch etwas damit zu tun hatte, aber in Notwehr handelte oder sich gar im Kampf gegen die Faschisten befände. Schon Hannah Arendt[14] beschrieb, dass man mit Hilfe einer solchen Strategie die Wahrheit zwar nicht völlig ersetzen wohl aber derart unterminieren kann, dass an die Stelle der Unterscheidung zwischen Wahrheit und Lüge ein zynische Haltung tritt, welche die politische Urteilsfähigkeit nachhaltig beschädigt. Nicht der überzeugte Nationalsozialist oder die überzeugte Kommunistin sind ihrer Auffassung nach die idealen Anhänger totalitärer Herrschaft, sondern jene Menschen, die nicht mehr zwischen Fakt und Fiktion unterscheiden können.

---

[13] Eine entsprechende Richtigstellung trug Claus Kleber im heute-Journal am 15.04.2014 vor.
[14] Arendt (1962; 1967).

6.5 Die Klimakrise in den Bildern

(Abb. 6.5) Das Ringen um die Anerkenntnis von Fakten und die Schwierigkeiten ihrer Darstellung sind auch aus der Berichterstattung zur Klimakrise bekannt. Die Bebilderung dieses Themenkomplexes ist dabei gleich aus mehreren Gründen problematisch.[15] Auf der einen Seite des Spektrums stehen eindrucksvolle Aufnahmen von Extremwetter-Ereignissen wie Waldbränden oder Flutkatastrophen. Oft liefern solche Bilder verheerender Waldbrände jedoch ausschließlich den Hintergrund für Angaben über im Einsatz befindliche Löschkräfte, Flächenmaße der Zerstörung und ein Zahlenwerk aus Opfern und Sachschäden. Wenngleich der Zusammenhang mit dem menschengemachten Klimawandel in den letzten Jahren immer häufiger hergestellt wird, hatte es diese Einordnung lange schwer, sich in den Redaktionen durchzusetzen und kämpft noch immer gegen Widerstände, was auch an den Bildern liegt.

Die Schwierigkeit liegt dabei in dem Umstand, dass langfristige Prozesse wie die globalen Klimaveränderungen nicht ohne Weiteres mit einzelnen Wetterphänomenen verknüpft werden können. Denn diese Einzelereignisse taugen häufig nicht als Beweis für oder gegen den menschengemachten Klimawandel. Außerdem lenken diese Bilder und Videos den Fokus der Aufmerksamkeit auf sichtbare Auswirkungen und lassen andere Konsequenzen oder gar die Ursachen in den Hintergrund treten. Nach dem Motto: Aus den Augen aus dem Sinn, scheint die Lage immer dann weniger dramatisch, wenn man selbst keine Folgen der Umweltveränderungen beobachten kann.

Genau diese Aspekte werden dann auf der anderen Seite des Spektrums häufig mit Hilfe von Karten und Darstellungen statistischer und/oder empirischer Daten in den Blick genommen. Viele kennen beispielsweise die farbigen Klimasteifen oder *Warming Stripes*, die der britische Klimatologe Ed Hawkins 2018 entwickelt hat, um den Anstieg der globalen Durchschnittstemperatur zu visualisieren. Trotz des wichtigen Beitrags, den diese Darstellung zu einem breiteren Problembewusstsein geleistet hat, zeigen Studien,[16] dass solche und andere Grafiken ein falsches Gefühl der Kontrolle hervorrufen können. Die dahinter liegenden Herausforderungen erscheinen dann oftmals weniger dringend und leichter handhabbar. Die nüchterne Präsentation schürt mitunter die trügerische Hoffnung, ein wissenschaftlich erkanntes und verstandenes Problem lasse sich mit Hilfe dieser Erkenntnisse schon lösen.

Hawkins *Warming Stripes* stehen nichtsdestoweniger in einer Reihe nachgerade ikonischer Bilder, die zu Symbolen für die Klimakrise geworden sind. Zu diesen Bildern zählt neben den Abbrüchen an der Schelfeiskante auch das des Eisbären auf einer kleinen Eisscholle, das noch immer häufig verwendet wird, wenn Klimathemen Gegenstand der Berichterstattung sind. Am Anfang dieser Reihe steht das

---

[15] Siehe dazu auch: Liefke (2021).
[16] Doyle (2011).

Abb. 6.5 Eisbär auf einer Eisscholle. (Quelle: Imago/robertharding)

am häufigsten reproduzierte Bild der Mediengeschichte: *Blue Marble*, aufgenommen vom amerikanischen Astronauten Harrison Schmitt im Rahmen der Apollo 17 Mission am 7. Dezember 1972. Das Foto zeigt die gesamte Erde – den blauen Planeten – vor dem unendlichen Schwarz des Universums und wurde zum Sinnbild der Umweltbewegung.[17]

Eine ganz eigenes Genre innerhalb der Klimaberichterstattung befasst sich mit zwei häufig parallel stattfindenden Ereignissen: Gipfeltreffen oder Klimakonferenzen und die Protestaktionen von Umweltaktivist:innen von Fridays for Future bis zur Letzten Generation. So bedeutsam diese Nachrichten sind, um den politischen Diskurs abzubilden, so groß ist die Gefahr, die Klimakrise zu einem bloßen Meinungsstreit zu verharmlosen.

Konfrontiert mit der Herausforderung neben den unmittelbaren ereignisbezogenen Informationen in der Berichterstattung auch die Klimakrise selbst zu thematisieren, bilden sich neue Schauplätze und Strukturen heraus, um die klassische journalistische Arbeit zu ergänzen. Institutionen wie die World Meteorological

---

[17] Grober (22.01.2022).

Organization (WMO) veranstalten Pressekonferenzen, in deren Verlauf Expert:innen die klimatischen Zusammenhänge erklären, die für unterschiedliche Wetterereignisse verantwortlich sind. Außerdem arrangieren diese Institutionen genau wie viele NGOs Pressegespräche und Interviews zur Produktion so genannter *Belegtöne*, die einem möglichen Beitrag zusätzliche Glaubwürdigkeit verleihen können. Somit schließen sie durch ihre PR-Arbeit die Lücke, die zwischen den dramatischen aber begrenzten Waldbränden und den sie verursachenden übergreifenden Klimaveränderungen besteht und entlasten die Redaktionen von der Zumutbarkeitsprüfung hinsichtlich einer fraglichen Text-Bild-Schere, die entstehen würde, wenn im Off-Text abstrakte wissenschaftliche Zusammenhänge erläutert würden, während man im Bild weiterhin Waldbrände sieht.

Sie produzieren damit also genau jene Bilder, die den Nachrichtensendungen eine der öffentlichen Debatte angemessene Berichterstattung ermöglichen. Dies betrifft auch so genannte *Video News Releases* (VNR), also von nicht-journalistischer Seite produzierte Beiträge, die in Text- und Bildsprache, gewöhnliche Nachrichten imitieren und sich zur Integration in journalistische Veröffentlichungen anbieten. Je besser diese Bilder in den redaktionellen Workflow passen, desto eher werden sie für die Berichterstattung selektiert. Sie werden so aber auch zu Routinenachrichten und verlieren dadurch zum Teil ihre aufrüttelnde Wirkung, die ein echtes Umdenken in der Klimafrage bewerkstelligen könnte.

6.6 Hinter den Nachrichtenbildern

All diese und weitere Wirkungen der Bilder müssen sowohl Nachrichtenredaktionen als auch das Publikum heute beachten und sich aktiv mit ihnen auseinandersetzen. Zu einer solchen aktiven Auseinandersetzung regen Bilder aber häufig gerade nicht an, da sie wohl komponiert und ausgewählt werden, um auf den ersten Blick verstanden zu werden. Dieselben Gründe, die Bilder für die Fernsehnachrichten so attraktiv machen, können sich deshalb als nachteilig für eine demokratische Kultur erweisen.

Ein unreflektierter Umgang mit Bildern kann nämlich die politische Urteilsfähigkeit ganzer Bevölkerungsgruppen verändern, wie eine Studie aus den USA zeigt. Angehörige der republikanischen Partei attestieren dieser Untersuchung zufolge Wahrheit und Ehrlichkeit zunehmend nicht mehr jenen, die sich auf überprüfbare Fakten berufen, sondern den Politiker:innen, die ihre persönliche Einstellung möglichst authentisch präsentieren.[18] Eine möglichst bildstarke Präsentation spielte zwar im politischen

---

[18] Lasser et al. (2023).

Showgeschäft schon immer eine entscheidende Rolle. Diese nun zu beobachtende totale Abkehr von einer gemeinsamen Faktengrundlage, die nur noch die gefühlte Wahrheit als Grundlage politischer Willensbildung gelten lässt, stellt allerdings eine neue Stufe der Macht der Bilder dar. Diese Untersuchung zeigt so nicht nur, warum auch gefälschte oder zweifelhafte Bilder nur allzu gerne geglaubt werden, wenn sie das eigene Weltbild stützen. Sie zeigt auch, wie weit entfernt die gegenwärtige politische Kommunikation weltweit von jenen Ansprüchen ist, die Jürgen Habermas[19] einstmals formulierte. In seiner ‚Theorie des kommunikativen Handelns' beschreibt Habermas ganz bestimmte Geltungsansprüche, die gelingende Kommunikation im Idealfall erfüllt, zumindest aber stets adressiert. Diese Grundbedingungen – *Wahrheit, Normative Richtigkeit, Wahrhaftigkeit* und *Verständlichkeit* – tragen nach Habermas zur Herausbildung einer diskursiven Öffentlichkeit bei, in der praktischen Umsetzung gibt es allerdings erhebliche Unterschiede bei der Gewichtung. Eine Übersetzung dieser allgemeinen Kriterien in die Welt der Nachrichtenbilder soll abschließend dazu dienen, einige wichtige Erkenntnisse dieses Buches zusammenzutragen.

Die *Verständlichkeit* als Grundvoraussetzung gelingender Kommunikation kann man sich dabei zunächst mehr oder minder technisch vorstellen. Ist das Bild scharf und klar, sind die verwendeten Begriffe bekannt und lässt sich die Nachricht somit auf kognitiver Ebene begreifen oder macht sie Erklärungen nötig, die zumindest im Modus des linearen Fernsehens nicht nachgeliefert, sondern immer vorweggenommen werden müssen.

Als *wahr* im Sinne von Habermas, können Bilder gelten, wenn sie mit der objektiv überprüfbaren Realität übereinstimmen. Auf diese Dimension richten sich viele Bemühungen rund um das Thema *UGC*, das im vorherigen Kapitel näher beleuchtet wurde.[20]

Die *normative Richtigkeit* bezieht sich beispielsweise auf die durch die Kommunikation implizierten Werte. Ein Video mag wahr sein und dennoch verbietet sich seine Veröffentlichung aus ethischen Gründen. Solche Fragen kommen, wie oben gesehen, regelmäßig bei der Berichterstattung zu Verbrechen und Terroranschlägen zur Sprache.

---

[19] (1981).

[20] Das Aufspüren von etwaigen Manipulationen am Bildmaterial und die damit verbundenen Fragen hinsichtlich der Authentizität eines vermeintlich eindeutigen Fotos oder Videos sind dabei keineswegs neu. Als das Bild des so genannten „Napalm Mädchens" Kim Phuk am 6. Juni 1972 auf der Titelseite der New York Times erschien, hielt der damalige Präsident Richard Nixon es für eine Fälschung. Tatsächlich zeigt das leicht retuschierte und zurechtgeschnittene Bild keinen Angriff der Amerikaner auf die vietnamesische Zivilbevölkerung, sondern einen misslungenen Luftschlag der eigenen Armee, die in dem bombardierten Dorf nordvietnamesische Kämpfer vermutete.

Bei *Wahrhaftigkeit* schließlich handelt es sich gewissermaßen um das subjektive Pendant zur ‚objektiven' Wahrheit. Denn das Gezeigte muss vom Publikum auch geglaubt werden. Misstrauen wird unter diesem Aspekt nicht von dem unglaublichen Geschehen hervorgerufen, sondern von der Quelle. Wie ist es um ihre Reputation bestellt, lag sie zuletzt immer richtig mit ihren Informationen, ist sie berufen und fähig, die in Rede stehenden Bilder zu liefern? Als die Tagesschau ihrem Publikum ankündigte, spektakuläre Bilder vom Anfang des Universums zu zeigen, wäre die eine oder der andere sicher skeptisch gewesen, wenn als Urheber nicht die amerikanische Weltraumbehörde NASA genannt worden wäre. Gleichzeitig profitieren weniger etablierte Quellen von der Glaubwürdigkeit bekannter Marken wie der Tagesschau oder den heute-Nachrichten, denen die nötige Kompetenz in einer Vielzahl unterschiedlicher Themenbereiche zugetraut wird. Insbesondere hinsichtlich der letzten drei Geltungsansprüche zeigen sich gegenwärtig problematische Tendenzen, wenn sich etwa die Wahrhaftigkeit einer authentischen Präsentation verselbstständigt und ihr auch ganz unbeachtet des Wahrheitsgehaltes der Aussage geglaubt wird. Eine Gefahr für gelingende Kommunikation liegt aber auch in einer künstlichen und/oder abgehobenen Darstellungsweise, die womöglich aus Rücksicht auf die normativen Zwänge des Zeitgeistes in Kauf nimmt, an Glaubwürdigkeit und Überzeugungskraft einzubüßen.

6.7 Mediale Kompetenz und Demokratie

Die vor uns liegende Herausforderung beim Umgang mit Bildern, gerade vor dem Hintergrund neuer technischer Entwicklungen gleicht wiederum nach Jürgen Habermas auf frappierende Weise jener, die wir durchlaufen haben, seit im späten 15. Jahrhundert der Buchdruck erfunden wurde.[21] Es dauerte viele Generationen bis sich ein nennenswerter Anteil der Bevölkerung die neue Kulturtechnik des Lesens zu eigen machte und die Menschheit musste auf grausame Weise lernen, welche Konflikte aus diesem neuen Zugang zur Welt bzw. aus dieser neu geschaffenen Welt erwachsen. Religionskriege und Bilderstürme, Reichsgründungen und Welthandel wären ohne das Verständnis der Schrift nicht denkbar gewesen. Mit der Schrift kam auch die Fähigkeit der Abstraktion, denn der Sinn oder die Bedeutung einer Information konnte aus der konkreten Situation gelöst und auch andernorts verstanden werden. Mit dem Bild kehrt der Sinn gewissermaßen in seine konkrete Situiertheit zurück.

Der in der Schrift offensichtliche Unterschied zwischen Sagen und Meinen ist im Bild scheinbar aufgehoben und durch das Zeigen ersetzt.[22] Doch dieser Verein-

---
[21] (Habermas 2021, S. 488).
[22] Nassehi (17.11.2022).

fachung ist eine tückische Qualität zu eigen, denn nicht nur das Sagen, auch das Zeigen hat ein Pendant – das Verbergen. Wer ein Bild wirklich verstehen und lesen können will, sollte nicht nur das Offensichtliche aufmerksam studieren, sondern auch im Auge behalten, was hinter den Bildern im Verborgenen liegt. Dabei kann jene journalistische Institution Orientierung geben, deren Arbeit und Zulieferer, Bedingungen, Beschränkungen und Möglichkeiten wir hier versucht haben darzustellen: die Redaktion.

Leben wir zurzeit noch unter der „redaktionellen Vormundschaft"[23] etablierter Nachrichtenproduzenten, die zwar keine Schleusenwärter mehr sind, aber immer noch großen Einfluss auf die Lenkung der Bilderströme haben, müssen wir in Zukunft zu einer *redaktionellen Gesellschaft*[24] werden. Ein aufgeklärtes Verständnis der Welt wird davon abhängen, dass wir jene Fragen, denen sich bisher Redaktionen gewidmet haben, selbst stellen und beantworten können.

Das Publikum muss im Blick behalten, dass Bilder und Videos von großen multinationalen Agenturen erstellt und verbreitet werden, die auch aus wirtschaftlichen Gründen bestimmte Weltregionen, Personen und Motive favorisieren. Wir müssen verstehen, dass es Reporter gibt, die für Bilder jubelnder Palästinenser bezahlen und Korrespondentinnen teilweise riesige Berichtsgebiete abdecken müssen und deshalb auf die Zusammenarbeit mit lokalen Stringern angewiesen sind. Immer häufiger stehen sogar nur noch jene Bilder zur Verfügung, die von den Protagonist:innen der Berichte aus mal besseren, mal schlechteren Gründen selbst erstellt worden sind – und nur ihre eigenen Sichtweisen zeigen. Genau wie die beschriebenen Redaktionen müssen wir uns vor Augen führen, dass nicht alles, was in einem Bild dokumentiert zu sein scheint, der Wahrheit entsprechen muss und dass es gute Gründe gibt, auch authentisches Material nicht zu veröffentlichen. Einmal Gesehenes lässt sich nicht mehr ungesehen machen und so gilt es schon im Augenblick des Betrachtens, wachsam und kritisch zu sein. Zu jedem Bild gehört ein Rahmen, dessen Wirkung mindestens so stark sein kann wie die des Bildes selbst. Welchen Rahmen wir uns zu eigen machen, bestimmt unsere Perspektive auf die Welt und auch wen wir für Feinde, Fremde oder Freunde halten, welche Probleme unsere kollektive Aufmerksamkeit und Tatkraft erfordern und ob wir sie als lösbar betrachten. Mit dem Ende der redaktionellen Vormundschaft ist es mehr denn je Aufgabe einer und eines jeden Einzelnen, an der Verwirklichung jener Bedingungen zu arbeiten, die nach Jürgen Habermas Grundlage einer demokratischen Öffentlichkeit sind.

---

[23] Habermas (2021, S. 488).
[24] Hartley (2000) and Pörksen (2018).

Glossar

Agence France Press/AFP weltweit operierende Nachrichtenagentur mit Sitz in Frankreich.
Agenturen s. **Nachrichtenagenturen**.
Asian News International/ANI Große indische Nachrichtenagentur.
Anchor Journalist:in oder Moderator:in im Studio.
Associated Press/AP Weltweit operierende angloamerikanische Nachrichtenagentur.
Associated Press Television News/APTN Fernseh-Abteilung von AP.
Asiavision Nachrichtenaustausch ähnlich der Eurovision zwischen 27 Rundfunkanstalten aus Asien, die in der Asia-Pacific Broadcasting Union (ABU) zusammengeschlossen sind.
Beitragskandidat Thema, das in einer Redaktion als möglicher Beitrag in einer Nachrichtensendung diskutiert wird.
Bildnachrichtenagenturen Nachrichtenagenturen, die Fotos und Videos an ihre Kunden verkaufen.
Bildnachrichtenaustausch s. **Eurovision News Exchange**.
Breaking News Eilmeldung, die eine so hohe nachrichtliche Relevanz besitzt, dass das herkömmliche Programm unterbrochen wird, um sie zu senden.
Columbia Broadcasting System/CBS Einer der drei großen kommerziellen Fernsehsender in den USA und Partner der Eurovision.
Clean Feed Bild ohne jegliche Einblendungen oder Grafiken drauf.

Content-Management-System/CMS Redaktionelles IT-System, in dem Bilder und Texte gesammelt und bearbeitet werden.

Cutter Berufsbezeichnung für Redaktionsassistent:innen, die den Film- oder Videoschnitt durchführen.

Chef:in vom Dienst/CvD Verantwortliche:r Redakteur:in z. B. für eine Nachrichtensendung.

Chicago School Sozialwissenschaftliche Strömung insbesondere der 1920er und 1930er-Jahre, die sich mittels Feldforschung und teilnehmenden Beobachtungen mit den Phänomenen des modernen urbanen Lebens beschäftigt und dadurch auch Grundlagen und Effekte der Massenkommunikation in den Blick genommen hat.

Deutsche Presse-Agentur/dpa Die größte Nachrichtenagentur Deutschlands.

Dopesheet Begleittext für Nachrichtenfilme, in der die wichtigsten Informationen zu den Bildern gegeben werden. Dazu zählen Ort und Zeit der Aufnahme, die Namen derjenigen, die etwas in einem Nachrichtenfilm sagen, usw.

European Broadcasting Union/EBU Organisation, in der sich 112 (überwiegend öffentlich-rechtliche und staatliche) Sender aus 56 Staaten (überwiegend in Europa und Nordafrika) zusammengeschlossen haben.

EBU-Nachrichtenaustausch s. **Eurovision News Exchange**

EBU News Committee Für jeweils zwei Jahre gewähltes Aufsichtsgremium aus 13 Vertretern der EBU-Mitglieder, die den EBU Nachrichtenaustausch kontrollieren.

EBU Executive Board Oberstes Entscheidungsgremium der EBU, zusammengesetzt aus elf Vertretern der EBU-Mitglieder

Embedded Journalism Form der Berichterstattung, bei der Journalist:innen unmittelbar in Militärverbände integriert sind und das Kriegsgeschehen aus deren Perspektive verfolgen.

Entertainment News Nachrichten, die unterhalten sollen (im Gegensatz zu hard news) z. B. über Prominente, etc.

Europe by Satellite Dienst der EU-Kommission, der Journalist:innen mit Bildmaterial aus und über die EU versorgt.

Eurovision Operationelle Abteilung der **EBU**, die gemeinsame Projekte im Fernsehen und Radio veranstaltet. Dazu zählt u. a. der Austausch von Nachrichtenfilmen der Mitglieder (**Eurovision News Exchange**), der Eurovision Song Contest und das Euroradio.

Eurovision Control Center Hauptschaltraum der Eurovision, in dem alle Leitungen für Überspielungen weltweit aufgebaut und abgewickelt werden.

Eurovision News Exchange, Eurovisions-Nachrichtenaustausch/EVNs Austausch der Nachrichtenfilme zwischen den Mitgliedern der EBU.

Eurovision News Flash s. **Flash**.

Glossar

Eurovision Social Newswire Teilbereich der Abteilung Eurovision News bei der EBU, der sich mit der Verifikation von **user-generated Content** beschäftigt.
Fake News (deutsch: „gefälschte Nachrichten") Meldungen oder Artikel mit falschen Informationen oder unwahren, manipulierten Inhalten.
Feed Bilder- oder Nachrichtenstrom einer Agentur.
File Transfer Kostengünstige Übertragungstechnik, bei dem z. B. ein zu übertragender Film in eine Datei („file") umgewandelt und dann versendet wird.
Flash/Eurovision News Flash Eine ad-hoc-Übertragung von wichtigen Nachrichtenbildern mit hoher Priorität bei den Bildnachrichtenagenturen oder im Eurovision News Exchange außerhalb der regulären Übertragungszeiten.
Foreign News Bureau Auslandsstudio.
Framing Auswahl und Präsentation von Informationen, die geeignet sind, eine bestimmte Interpretation bzw. Sichtweise auf ein Thema zu fördern oder zu verstärken.
Gatekeeping Prozess, in dessen Verlauf bestimmte Personen oder Institutionen Kontrolle darüber ausüben, mit welchen Informationen ein Publikum konfrontiert wird.
Hard News betont sachlich und objektiv gehaltene Nachrichtenmeldungen insbesondere aus Politik und Wirtschaft (Gegensatz: **Soft News/Entertainment News**).
Hintersetzer Im Studiohintergrund gezeigtes Bild, das eine Nachrichtengeschichte illustriert, während dazu ein Moderationstext gesprochen wird.
Infotainment Konzept, bei dem Nachrichten unterhaltsam vermittelt werden sollen.
Intake Editor Mit der Sichtung von aus den Korrespondent:innenbüros einlaufenden Bildern befasste:r Aufnahmeredakteur:in.
International Broadcasting Union Vorgänger-Organisation der EBU (1925–1950) mit Hauptsitz in Genf zur Regulierung von Sendefrequenzen in Europa.
Kreuzrecherche Verifikation eines Social Media Accounts durch den Abgleich des User-Namens auf anderen Plattformen.
Newsroom Zentraler Arbeitsplatz für Nachrichtenredaktionen
Nachrichtenagenturen Massenmedien vorgelagerte Unternehmen, die ihren Kunden Meldungen, Fotos oder Videos zum Kauf anbieten oder im Rahmen eines Abonnements zur Verfügung stellen.
News Coordinator Verantwortliche:r Redakteur:in für die Zusammenstellung der **Eurovision News Exchanges** in einem EBU-Mitgliedssender. Bis 1999 wurden die EVNs von täglich wechselnden Redakteur:innen der EBU-Mitgliedssender geleitet.
News Editor Chef vom Dienst für die Auswahl von Nachrichtenbildern der **Eurovision News Exchanges**.
News Producer Journalist:innen, die zusammen mit dem EBU **News Editor** die **Eurovision News Exchange** zusammenstellen.

Öffentliche-rechtliche Sender nicht kommerzielle, oftmals durch Beiträge finanzierte Medienunternehmen, die in der Regel einen gesetzlich definierten Auftrag erfüllen.

Off-Sprecher:in Person, die den Nachrichtentext spricht, ohne dass sie selbst im Bild zu sehen ist.

One-man-team s. **Video Journalists**.

Open Source Intelligence/OSINT Computerprogramme, die Informationen aus frei verfügbaren, offenen Quellen auswerten.

Original-Ton/O-Ton Im Journalismus die Äußerungen von Interviewpartner:innen im Film, z. B. das Statement einer Politikerin.

Output Editor In einer Nachrichtenagentur mit dem Zusammenstellen von Bildern befasste:r Redakteur:in.

Permanent Event Network/PEN Dauerhafte Kanäle für die Übertragung von Live-Signalen im Rahmen der **Eurovision News Exchanges**.

Permanent News Network/PNN Dauerhafter, durch eine Satellitenverbindung gesicherter Kanal für den Austausch von Nachrichtenfilmen im Rahmen der **Eurovision News Exchanges**.

Piktogramm Grafische (oder symbolische) Darstellung eines Objektes, einer Institution etc.

Planung/Planungsredaktion/Planungsteam Einzelne Redakteur:innen oder ganze Redaktionen, die für die teilweise, durchaus langfristige Vorbereitung und Planung einer Sendung verantwortlich sind und bspw. entsprechende Personaldispositionen veranlassen.

Poolbild Bildsignal, das aus räumlichen oder organisatorischen Gründen, von einem Kamerateam hergestellt wird und (kostenlos oder gegen eine Gebühr) an alle Interessierten weitergereicht wird.

Poolmaterial s. **Poolbild**.

Raw Material s. **Rohmaterial**.

Reuters Thomson Reuters. Weltweit operierende Nachrichtenagentur mit Sitz in New York und Toronto.

Rohmaterial Aufgenommenes Filmmaterial, das noch nicht bearbeitet, also z. B. geschnitten wurde.

Security Officer Sicherheitsberater:in, der:die z. B. ausländische Kamerateams in Sicherheitsfragen in umkämpften Zonen berät.

Ruptly Im russischen Auftrag agierende und vom russischen Staat finanzierte internationale Nachrichtenagentur mit Hauptsitz in Berlin.

Rushes Erstes, von einem Ereignis verfügbares Filmmaterial, das schnell überspielt wird.

Sendeteam Organisationseinheit innerhalb einer Redaktion, welche die Sendungen zusammenstellt und verantwortet (im Gegensatz etwa zur *Planung*).

Signifikat In der Semiotik (Wissenschaft von Zeichen und deren Bedeutung) das Bezeichnete, also der konkrete Gegenstand, das Konzept etc., auf das ein Zeichen verweist.

Signifikant In der Semiotik (Wissenschaft von Zeichen und deren Bedeutung) das Bezeichnende, also der materielle Ausdruck, der die Bedeutung transportiert, bspw. ein besprochenes oder geschriebenes Wort.

Soft News s. **Entertainment News**.

Stringer Oft freiberuflich arbeitende Journalist:innen, die einen Sender oder eine Nachrichtenagentur ad-hoc mit Texten oder Bildern aus einer Region oder zu einem bestimmten Ereignis versorgen.

Übernahmen (Bild-)Material, das bereits in anderen Sendungen gezeigt wurde und entsprechend günstig zur Verfügung steht.

Text-Bild-Schere Das Auseinanderklaffen von in einem Nachrichtenbeitrag gezeigten Bildern und dem dazu eingesprochenen Text.

Tour-de-Table-Bilder Bilder von einem Treffen oder einer Konferenz, die alle Parteien an einem Tisch sitzend zeigen.

Up-Pick Fernsehmaterial, das von einem anderen Sender aufgenommen wird, um es an eigene Kunden weiterzuleiten.

User-generated content/UGC Bilder, die von Privatpersonen (und nicht professionellen Journalist:innen) aufgenommen und ggf. über digitale Plattformen veröffentlich wurden.

Video Journalists/VJs Journalist:innen, die alle Funktionen eines Drehteams alleine übernehmen: Recherchieren, die Kamera bedienen, die Tonaufnahmen machen, evtl. den Bericht selbst schneiden und ihn texten.

Vier-Augen-Prinzip Redaktionelles Prinzip, nach dem zumindest zwei Redakteur:innen eine Meldung oder einen Bericht abnehmen, d. h. ihn auf mögliche Fehler oder Mängel überprüfen.

Video News Release/VNR Von Organisationen vorbereitetes Videomaterial, das an Journalist:innen, Medienanstalten etc. verteilt wird.

World News Service Name des globalen Dienstes von **Reuters**.

Literatur

Allert, Tilman. 1997. Kumulativer Anerkennungszerfall: Perspektiven für die Analyse von Jugenddelinquenz im Großstadtmilieu. In *Differenz und Integration: die Zukunft moderner Gesellschaften. Verhandlungen des 28. Kongresses der Deutschen Gesellschaft für Soziologie in Dresden 1996*, hrsg. Stefan Hradil, 952–970. Frankfurt am Main: Campus-Verl.
Altheide, David L. 1976. *Creating reality. How TV news distorts events.* Beverly Hills Calif. u. a.: Sage Publ.
Arendt, Hannah. 1958. *Humanitas. Laudatio zur Verleihung des Friedenspreises des deutschen Buchhandels an Karl Jaspers.* Frankfurt.
Arendt, Hannah (1962). The origins of totalitarianism (7th print). Meridian Books: Vol. 15. World Publ. Comp. S. 474.
Arendt, Hannah (1967, February 25). Truth and Politics. The New Yorker.
Arpan, Laura M., Kaysee Baker, Youngwon Lee, Taejin Jung, Lori Lorusso, und Jason Smith. 2006. News Coverage of Social Protests and the Effects of Photographs and Prior Attitudes. *Mass Communication and Society* 9 (1): 1–20. doi: https://doi.org/10.1207/s15327825mcs0901_1.
Bangert, Christoph. 2014. *War porn.* Heidelberg, Berlin: Kehrer.
Barthes, Roland. 2015. *Mythen des Alltags.* Berlin: Suhrkamp.
Bateson, Gregory. 1981. *Ökologie des Geistes. Anthropologische, psychologische, biologische und epistemologische Perspektiven.* Frankfurt am Main: Suhrkamp.
Boydstun, Amber E., Anne Hardy, und Stefaan Walgrave. 2014. Two Faces of Media Attention: Media Storm Versus Non-Storm Coverage. *Political Communication* 31 (4): 509–531. doi: https://doi.org/10.1080/10584609.2013.875967.
Brosius, Hans-Bernd und Peter Eps. 1995. Prototyping through Key Events. *European Journal of Communication* 10 (3): 391–412. doi: https://doi.org/10.1177/0267323195010003005.
Bruns, Axel. 2005. *Gatewatching. Collaborative online news production.* New York, NY: Lang.
Bruns, Axel. 2017. *Gatewatching and News Curation. Journalism, Social Media, and the Public Sphere.* New York: Peter Lang Publishing Inc. New York.

Butler, Judith. 2016. *Frames of War. When Is Life Grievable?* London: Verso.
BVerfG. 2001. Zur Zulässigkeit von Fernsehaufnahmen in Gerichtsverhandlungen und bei der Verkündung von Entscheidungen. *Rn. 1–110.*
Chappelle, Wayne L., Kent D. McDonald, Lillian Prince, Tanya Goodman, Bobbie N. Ray-Sannerud, und William Thompson. 2014. Symptoms of psychological distress and post-traumatic stress disorder in United States Air Force "drone" operators. *Military medicine* 179 (8 Suppl): 63–70. doi: https://doi.org/10.7205/MILMED-D-13-00501.
Childers, Terry L. 1986. Memory for the visual and verbal components of print advertisements. *Psychology & Marketing* 3 (3): 137–149. https://doi.org/10.1002/mar.4220030303.
Childers, Terry L. und Michael J. Houston. 1984. Conditions for a Picture-Superiority Effect on Consumer Memory. *Journal of Consumer Research* 11 (2): 643–654.
Clayman, Steven E. und Ann Reisner. 1998. Gatekeeping in Action: Editorial Conferences and Assessment of Newsworthiness. *American Sociological Review* 63 (2): 178–199.
Czarniawska-Joerges, Barbara. 2011. *Cyberfactories. How news agencies produce news.* Cheltenham, Northampton, MA: Edward Elgar.
Deussen, Hannah. 2015. *Vom Gatekeeping zum Gatewatching. Welche Gefahren für die Medienethik birgt dieser Rollenwechsel der Medien? Eine Betrachtung anhand des Attentats auf den Boston-Marathon.* München: GRIN Verlag GmbH.
Die Tageszeitung. 1998. ZDF bedauert Toten auf dem Bildschirm. *Die Tageszeitung (TAZ),* 29. August.
Domingo, David. 2005. Understanding the emergence of digital media. *International Journal of Media & Cultural Politics* 1 (1): 157–160. doi: https://doi.org/10.1386/macp.1.1.157/4.
Donges, Patrick und Otfried Jarren. 1997. Redaktionelle Strukturen und publizistische Qualität. Ergebnisse einer Fallstudie zum Entstehungsprozeß landespolitischer Berichterstattung im Rundfunk. *Media Perspektiven* (4): 198–205.
Doyle, Julie. 2011. *Mediating Climate Change (Environmental Sociology).* Ashgate Publishing Group.
Emcke, Carolin. 2016. *Weil es sagbar ist. Über Zeugenschaft und Gerechtigkeit : Essays.* Frankfurt am Main: Fischer Taschenbuch.
Fahmy, Shahira. 2010. Contrasting visual frames of our times: A framing analysis of English- and Arabic-language press coverage of war and terrorism. *International Communication Gazette* 72 (8): 695–717. doi: https://doi.org/10.1177/1748048510380801.
Fentloh, Frauke. 2014. Niemand will diese Bilder sehen. Interview mit Christoph Bangert. *Die Zeit,* 1. Juli.
Foucault, Michel. 2017. *Dies ist keine Pfeife.* München [und andere]: Carl Hanser Verlag.
Galtung, Johan und Mari Holmboe Ruge. 1965. The structure of foreign news. The presentation of the Congo, Cuba and Cyprus crisis in four Norwegian Newspapers. *Journal of peace research* 2 (1): 64–91.
Grober, Ulrich. 2022. Die Erde zuerst. *Die Zeit,* 22. Januar.
Habermas, Jürgen. 1981. *Theorie des kommunikativen Handelns.* Frankfurt am Main: Suhrkamp.
Habermas, Jürgen. 2021. Überlegungen und Hypothesen zu einem erneuten Strukturwandel der politischen Öffentlichkeit. In *Ein neuer Strukturwandel der Öffentlichkeit?,* hrsg. Martin Seeliger und Sebastian Sevignani, 470–500. Nomos Verlagsgesellschaft mbH & Co. KG.
Hallin, Daniel C. und Paolo Mancini. 2004. *Comparing media systems. Three models of media and politics.* Cambridge, New York: Cambridge Univ. Press.

Hallin, Daniel C. und Paolo Mancini. 2017. Ten Years after Comparing Media Systems. What Have We Learned? *Political Communication.*

Hartenstein, Friedhelm und Moxter Michael. 2013. *Hermeneutik des Bildverbotes. Exegetische und systematisch-theologische Anäherungen.* Leipzig: Evangelische Verlagsanstalt.

Hartley, John (2000). Communicative Democracy in an Editorial Society: The Future of Journalism Research. *Journalism: Theory, Practice & Criticism,* 1(1), 39–48. https://doi.org/10.1177/146488490000100107.

Hilker, H., J. Langer, und M. Tröger. 2022. *Zwischen Anspruch und Auftrag - die öffentlich-rechtlichen Medien in der Kritik.* Rosa-Luxemburg-Stiftung.

Kepplinger, Hans Mathias und Johanna Habermeier. 1995. The Impact of Key Events on the Presentation of Reality. *European Journal of Communication* 10 (3): 371–390. doi: https://doi.org/10.1177/0267323195010003004.

Kohlenbach, Gerhard. 2018. Die Arbeit der Redaktion von RTL Aktuell. Köln. Zugegriffen: 17. Juli 2018.

Lasser, Jana, Segun T. Aroyehun, Fabio Carrella, Almog Simchon, David Garcia, und Stephan Lewandowsky. 2023. From alternative conceptions of honesty to alternative facts in communications by US politicians. *Nature human behaviour.* https://doi.org/10.1038/s41562-023-01691-w.

Lasswell, Harold D. 1972. *Propaganda technique in the World War.* New York: Garland Pub.

Lazarsfeld, Paul Felix und Robert K. Merton. 1957. Mass Communication, Popular Taste and Organized Social Action. In *Mass culture. The popular arts in America,* hrsg. Bernard Rosenberg und David M. White, 457–473. New York: Free Press.

Liefke, Mirco. 2018. New(s) challenges! - old patterns? Structural Transformation and TV News in a Mediatized World. In *Media logic(s) revisited. Modelling the interplay between media institutions, media technology and societal change,* hrsg. Caja Thimm, Mario Anastasiadis, und Jessica Einspänner-Pflock. Cham: Palgrave Macmillan.

Liefke, Mirco. 2021. Problem angemessene(r) Berichterstattung. Die Klimakrise im Alltag einer Nachrichtenredaktion. In *Gesellschaft unter Spannung. Verhandlungen des 40. Kongresses der Deutschen Gesellschaft für Soziologie 2020,* hrsg. Birit Blättel-Mink.

Liefke, Mirco. 2024. *Mittendrin und nicht dabei - eine Ethnographie der Fernsehredaktion als Apparat journalistischer Versicherung.* Wiesbaden: Springer Fachmedien Wiesbaden GmbH; Springer VS.

Liefke, Mirco und Matthew Mahler. 2023. Betwixt and Between: A Trans-Sequential Analysis of Broadcast Journalism. In *Trans-Sequentiell Forschen. Neue Perspektiven und Anwendungsfelder,* hrsg. Martina Kolanoski, Carla Küffner, und Clara Terjung. [S.l.]: Springer VS.

Lippmann, Walter. 1922. *Public opinion.* New York, NY: Harcourt.

Luhmann, Niklas. 2009. *Die Realität der Massenmedien.* Wiesbaden: VS Verl. für Sozialwiss.

Maisto, Albert A. und Debbie Elaine Queen. 1992. Memory for pictorial information and the picture superiority effect. *Educational Gerontology* 18 (2): 213–223. doi: https://doi.org/10.1080/0360127920180207.

McLuhan, Marshall. 2002. The medium is the message. In *The anthropology of media.* Malden, Mass. [u.a.]: Blackwell, 2002.

Nassehi, Armin. 2022. Pechvogel. *Die Zeit,* 17. November.

Nienhuysen, Frank. 2023. Machtkampf um die Medien. *Süddeutsche Zeitung,* 28. Dezember.

Paterson, Chris A. 2011. *The international television news agencies. The world from London.* New York, NY, Washington, DC, Baltimore, Md., Bern, Frankfurt, M., Berlin, Brussels, Vienna, Oxford: Lang.

Plasser, Fritz. 2005. From Hard to Soft News Standards? *Harvard International Journal of Press/Politics* 10 (2): 47–68. doi: https://doi.org/10.1177/1081180X05277746.

Pörksen, Bernhard. 2018. *Die grosse Gereiztheit. Wege aus der kollektiven Erregung.* München: Carl Hanser Verlag.

Pörksen, Bernhard. 2018. Alle müssen Journalisten sein. *Die Zeit,* 14. Februar.

Postman, Neil. 1987. *Amusing ourselves to death. Public discourse in the age of show business.*

Reese, Stephen D., Oscar H. Gandy, und August E. Grant. 2010. *Framing public life. Perspectives on media and our understanding of the social world.* New York: Routledge.

Saussure, Ferdinand de. 1986. *Grundfragen der allgemeinen Sprachwissenschaft.* Berlin: de Gruyter.

Scheufele, Dietram A. 1999. Framing as a Theory of Media Effects. *Journal of Communication* 49 (1): 103–122. https://doi.org/10.1111/j.1460-2466.1999.tb02784.x.

Schreiber, Meike. 2018. Stellenabbau bei Reuters. *Süddeutsche Zeitung,* 15. November.

Schultz, Ida. 2007. The journalistic gut feeling. *Journalism Practice* 1 (2): 190–207. https://doi.org/10.1080/17512780701275507.

Segbers, Michael. 2007. *Die Ware Nachricht. Wie Nachrichtenagenturen ticken.* Konstanz: UVK-Verl.-Ges.

Shoemaker, Pamela J. 1991. *Gatekeeping.* Newbury Park u.a.: Sage Publ.

Shoemaker, Pamela J. und Tim P. Vos. 2009. *Gatekeeping theory.* New York, NY: Routledge.

Siegordner, Martin. 2008. *Die EBU (European Broadcasting Union) - Geschichte und Aufgaben.* München: GRIN Verlag GmbH.

Simon, Barbara. 1993. *Die Selbstdarstellung des Augustus in der Münzprägung und in den Res Gestae.* Hamburg: Kovač.

Singer, Jane B., David Domingo, Ari Heinonen, Alfred Hermida, Steve Paulussen, Thorsten Quandt, Zvi Reich, und Marina Vujnovic. 2011. *Participatory Journalism. Guarding Open Gates at Online Newspapers.* New York, NY: Wiley, J.

Snyder, Timothy. 2018. *The road to unfreedom. Russia, Europe, America.* New York, NY: Tim Duggan Books.

Sontag, Susan. 2017. *Das Leiden anderer betrachten.* Frankfurt am Main: Fischer Taschenbuch.

Stegemann, Bernd. 2023. Manipulation in Bild und Ton. *Frankfurter Allgemeine Zeitung,* 10. August.

Tandoc, Edson C. 2019. The facts of fake news: A research review. *Sociology Compass* 13 (9). https://doi.org/10.1111/soc4.12724.

Tuchman, Gaye. 1973. Making news by doing work: routinizing the unexpected. *American Journal of Sociology* 79 (1): 110–131.

Vu, Hong Tien. 2014. The online audience as gatekeeper: The influence of reader metrics on news editorial selection. *Journalism: Theory, Practice & Criticism* 15 (8): 1094–1110. https://doi.org/10.1177/1464884913504259.

White, David M. 1950. The "Gate Keeper": A Case Study In the Selection of News. *Journalism Quarterly* 27: 383–391.

Whitehouse, Andrew J. O., Murray T. Maybery, und Kevin Durkin. 2006. The development of the picture-superiority effect. *British Journal of Developmental Psychology* 24 (4): 767–773. https://doi.org/10.1348/026151005X74153.

| MIX |
| Papier aus verantwortungsvollen Quellen |
| Paper from responsible sources |
| FSC® C105338 |

If you have any concerns about our products,
you can contact us on
ProductSafety@springernature.com

In case Publisher is established outside the EU,
the EU authorized representative is:
**Springer Nature Customer Service Center GmbH
Europaplatz 3, 69115 Heidelberg, Germany**

Printed by Libri Plureos GmbH
in Hamburg, Germany